LA PSICOGENEALOGÍA APLICADA

APLICADA

Cómo una saga puede esconder otra

PAOLA DEL CASTILLO

LA PSICOGENEALOGÍA APLICADA

Cómo una saga puede esconder otra

EDICIONES OBELISCO

Si este libro le ha interesado y desea que lo mantengamos informado de
nuestras publicaciones, escríbanos indicándonos qué temas son de su interés
(Astrología, Autoayuda, Ciencias Ocultas, Artes Marciales, Naturismo,
Espiritualidad, Tradición...) y gustosamente lo complaceremos.

Puede consultar nuestro catálogo en www.edicionesobelisco.com

Colección Psicología
LA PSICOGENEALOGÍA APLICADA
Paola del Castillo

1.ª edición: febrero de 2013

Título original: *La psychogénéalogie appliquée*

Traducción: *Pilar Guerrero*
Corrección: *M.ª Jesús Rodríguez*
Diseño de cubierta: *Enrique Iborra*

© 2002, 2004, 2006, Editions Quintessence
(Reservados todos los derechos)
© 2013, Ediciones Obelisco, S. L.
(Reservados los derechos para la presente edición)

Edita: Ediciones Obelisco S. L.
Pere IV, 78 (Edif. Pedro IV) 3.ª planta 5.ª puerta
08005 Barcelona - España
Tel. 93 309 85 25 - Fax 93 309 85 23
E-mail: obelisco@edicionesobelisco.com

Paracas, 59 C1275AFA Buenos Aires - Argentina
Tel. (541-14) 305 06 33 - Fax: (541-14) 304 78 20

ISBN: 978-84-9777-935-7
Depósito Legal: B-1.687-2013

Printed in Spain

Impreso en España en los talleres gráficos de Romanyà/Valls S. A.
Verdaguer, 1 - 08786 Capellades (Barcelona)

Dedico este libro a
Aurélia, la mayor,
a Orane, la pequeña,
mis queridas hijas.

Dedico este libro al gran público, a los fieles seguidores de mis conferencias, a mis pacientes, de los que saco el material para escribir. No pretendo escribir una obra erudita, los conceptos bien vehiculados por el lenguaje sencillo están pensados para que puedan ser comprendidos fácilmente por las familias. Desde lo más profundo de mi corazón , quiero dedicar este libro a mi familia, a mi país de origen, España, a mi país de nacimiento, Argelia, a mi país de acogida, Francia, y a la isla de mi elección, Reunión. En todas esas tierras he crecido, he corrido, he caminado y respirado. Los lugares donde he vivido nutren mi subconsciente e impulsan mi alma nómada. Esa fuerza creadora puede transmitirse hasta vosotros, mis futuros lectores, a través de esta búsqueda de uno mismo, la psicogenealogía.

PREÁMBULO

¿Las relaciones hombre-mujer, no contienen el sentido de la búsqueda genealógica? La magia del encuentro amoroso opera efectivamente en la cicatrización de antiguas heridas, fomentando la renovación de la savia interior con el objetivo del compromiso entre dos seres para dar vida a un tercero, para producir una pareja ideal.

Mediante las alianzas que escogemos, el tejido del parentesco crece, al árbol se nutre, se enriquece con nuevas aportaciones. Los hijos nacidos de una pareja también procrearán a su vez, prolongando más las ramificaciones genealógicas: ramas y ramitas y hojas que deberán dar respuesta a las expectativas que se generan en cuanto a los roles de cada uno en su linaje. El patrimonio se transmite aunque una rama célibe lo detenga. Para ilustrar esta idea, evocaré una historia griega: la del amor entre Filemón y Baucis. En una región montañosa había dos árboles, un roble y un tilo, que provocaban la admiración de todo el que pasaba porque nacían de un único tronco. Mucho tiempo atrás, los dioses del Olimpo quisieron darse un paseo por Frigia con el fin de comprobar la hospitalidad de sus habitantes. Disfrazados de vagabundos nómadas, Zeus y Hermes eran sistemáticamente rechazados por todo el mundo. Finalmente, llamaron a la puerta de una humilde cabaña. En ella vivían una pareja de ancianos que se profesaban un amor perfecto desde hacía muchos años. Esas dos almas puras, haciendo gala de la mayor generosidad, acogieron de buen grado a los «pobres mendigos». Como agradecimiento por su desprendimiento, los dioses los invitaron a pronunciar un voto.

Filemón y Baucis desearon en su voto morir juntos, porque de ese modo habían estado viviendo felices. Los dioses les concedieron el deseo. La mitología griega nos enseña que morir juntos implica la mezcla de dos esencias en un solo tronco; el respeto por la diferencias encuentra su armonía a través del amor. Heredamos de nuestros ancestros las raíces a partir de las cuales aparecen estilos de vida infinitamente diversos.

INTRODUCCIÓN

Los diferentes capítulos de la presente obra tratarán los temas de interés sin llegar a agotar los contenidos de cada uno. El propósito es presentar un método aplicado donde las hipótesis, lanzadas a partir de la observación, han podido ser verificadas mediante sesiones individuales para la confección del árbol genealógico, o bien en los talleres y seminarios de trabajo en grupo. La aproximación empieza siendo teórica para el arte conceptual; la parte cognitiva es experimental y coloca en el centro de la investigación el sentido de nuestra propia historia. Allá donde la verbalización de la memoria falla, llega el símbolo, estableciendo equivalencias y proporcionando perspectivas nuevas por completo.

Igual que las lianas tropicales se entrelazan por encima de un río, uniendo orillas inaccesibles, según la expresión de Groddeck en *El ser humano como símbolo*, los entramados del inconsciente colectivo se revelan sorprendentes y nos conducen, si mantenemos un paso firme y seguro, a la otra orilla.

La psicogenealogía explora un apasionante ámbito de la investigación, donde las hipótesis son como semillas listas para ser sembradas. La interpretación de los datos es prometedora y pone en tela de juicio algunos puntos de vista y representaciones individuales o colectivas sobre la familia. Intentar hacer clasificaciones me parece un empresa restrictiva, del campo de la investigación, que no invita a la reflexión. El espacio y el tiempo permanecen abiertos como posibles receptáculos de informaciones recibidas, de datos encontrados en las ramificaciones del árbol genealógico en todos sus estados. El efecto espejo es tal que nos devuelve imágenes de otros tiempos. La pareja fundadora es aquella antes de la cual no es posible encontrar información y ejerce una influencia notable, con una exactitud fabulosa, en nuestro recorrido vital, año tras año, etapa tras etapa, nombre a nombre, sentimiento a sentimiento. La similitud de los acontecimientos importantes hace un llamamiento a nuestro raciocinio y, al final, las pruebas más íntimas, las aproximaciones más ajustadas y todas las coincidencias aparentemente fortuitas, doblegan nuestro pensamiento y tenemos que ceder ante la evidencia. Una vocecita nos pregunta: «¿Eres tú?», y al mismo tiempo otra le responde: «¡Soy yo!». El proceso de desarrollo de la psicogenealogía celebra el reencuentro con los ancestros.

La etimología nos enseña que palabras como «génesis, generación, género» constituyen, desde Groddeck, una filiación lingüística con su rodilla, con sus articulaciones, las cuales permiten a la persona mantenerse en pie, donde el nacimiento evoca un renacimiento por parentesco con gnosis y conocimiento. El árbol genealógico representa el soporte indispensable para mantener cohesionada la familia. Gracias al proceso dialéctico, la concepción de un hijo autoriza, a otro miembro del clan, a morirse, por efecto de la generación, la muerte engendra vida y la vida acaba con la muerte. La psicogenealogía da la llave del alma a través de las alianzas, el papel de las combinaciones emocionales, el desciframiento de las relaciones interpersonales, los conflictos entre sexos, la composición de los linajes y la estructura del clan.

Mediante los estudios de parentesco, los lazos transgeneracionales puestos al día aportan una información esencial sobre la dinámica propia de cada árbol genealógico. El estudio lleva a cada uno, y en profundidad, hacia su pequeño teatro interior, revela el proyecto que presidió su concepción, los diferentes programas y escenarios de su vida.

Los de los ancestros que guían nuestras elecciones deben tenerse muy en cuenta dado que la activación transgeneracional suscita sorprendentes cambios de posición en las diferentes ramas. Algunos caen de sus sagrados pedestales, se ven destronados y desaparecen olvidados, otros revelan su estatus de víctimas, de enfermos que intentan curar sus males, sus locuras, sus síntomas y patologías diversas. Los miembros excluidos, expoliados, rechazados, se reconcilian con su familia, los condenados a fracasar empiezan a triunfar, las personas afectivamente dependientes encuentran el modo de separarse, otras uniones son finalmente posibles sin desgarros ni abandonos. Las parejas estériles consiguen un bebé tras muchas tentativas infructuosas, mientras que otras tendrán éxito en asuntos con los que no habían ni soñado.

Si la aproximación sistemática tiene el mérito de poner de manifiesto los incidentes intra-familiares, la psicogenealogía los confirma, precisándolos a través del trabajo de varias generaciones, durante siglos. El árbol se equilibra, cada uno tiene su lugar en el mismo y nadie lo pone en duda, manteniéndose en sus puestos contra viento y marea. Descubrir que se ocupa un buen puesto, que se goza de una posición provechosa, real o simbólica, permite al individuo crecer y desarrollarse libremente.

La hipótesis del inconsciente familiar ayuda a comprender el sentido de las transmisiones, las repeticiones, el libro de cuentas familiares y el fondo de la investigación práctica. Ligados a nuestros antepasados por una lealtad invisible ¿cómo vamos a llegar a la otra orilla, allá donde empieza nuestras propia vida independiente? Del mismo modo que las raíces de una lengua responden a problemáticas que son a la vez comunes y específicas, la psicogenealogía es un excelente método para el conocimiento de uno mismo, para la resolución de conflictos, la inmediata liberación de afectos y para la creación.

> *«El ser humano no tiene edad; puede remontarse hasta la existencia de sus padres, de sus abuelos...».*
>
> G. GRODDECK, 1916

MI MÉTODO EN PSICOGENEALOGÍA

LAS TRES SECUENCIAS

Mi método se fundamenta en tres secuencias de la historia familiar. La primera secuencia reposa en la elaboración del genosociograma, el árbol genealógico comentado; esta aproximación se inspira en la aculturación, en la gráfica de la antropología de parentesco y, en sus aspectos clínicos, en las investigaciones de Anne Ancelin Schützenberger. La segunda secuencia se inscribe en el trabajo de escucha y atención hacia las palabras, lo que se dice y lo que no se dice, de los silencios, del lenguaje gestual y corporal. La tercera secuencia se basa en lo que se siente y experimenta durante las sesiones, a medida que el árbol se va construyendo y que el análisis va descubriendo correspondencias significativas y sincronismos. Cuando la labor de toma de conciencia, escrita, hablada y experimentada, está avanzada, entonces abordo la resolución simbólica del árbol, el consultante usa creativamente su poder de transmutación y su capacidad para salvar obstáculos.

EL GENOSOCIOGRAMA

El árbol genealógico es un documento tangible en el que se inscribe la constelación familiar, con sus reglas cronológicas y mucha información almacenada en la memoria. Muchos agujeros pueden completarse mediante investigaciones fértiles, así como el estudio del contexto histórico, económico y social. Las características básicas que componen el genosociograma son las siguientes:

La ficha de identidad y la zona geográfica: Nombres, apellidos, fechas, lugares y años.

El recuerdo de los acontecimientos importantes de la vida:

1. **Encuentro:**
   — Circunstancias en que se conoce una pareja/Inicios de la relación amorosa
   — Problemática común a descubrir

2. **Pareja y alianzas:**
   — Casamientos/Sucesivas parejas
   — Separaciones y divorcios

3. **Composición de la familia:**
   — Concepciones/Nacimientos
   — Número de hijos
   — Problemas de fertilidad o de gestación y nacimiento
   — Personas que viven bajo el mismo techo

4. **Filiación y fratría**
   — Rango en la fratría u orden de llegada en relación a la fecha de nacimiento
   — Roles parentales
   — Separaciones y situación en la que quedan los hijos, a cargo de quién, niños abandonados
   — El hijo único

5. **Padrino/Madrina:**
   — Identidad/Papel/Influencia

6. **Oficios y profesiones:**
   — Medio social
   — Formación/Estudios
   — Cambio de profesión buscado o revés de la fortuna

7. **Dinero, bienes y herencias:**
   — Actitud respecto al dinero
   — Pérdidas o ganancias
   — Herencias/Pérdida de herencias/Procesos y conflictos intrafamiliares

8. **Enfermedades:**
   — Importantes/Repetidas
   — Operaciones/Tratamientos
   — Consecuencias de la enfermedad en su entorno y beneficios para el enfermo
   — Internamientos, enfermedades mentales, secretos guardados

9. **Accidentes, traumatismos y heridas de guerra:**
   — Causas, circunstancias, daños y secuelas, handicaps, efectos para el entorno
   — Situaciones de detención, condiciones de la privación de libertad, prisiones y regreso a la normalidad

10. **Muertes:**
   — Causa de la muerte, edad, consecuencias para la familia y tipo de duelo
   — Elaboración del duelo, resolución del mismo o no, efectos a largo plazo
   — Suicidios: contexto, medios, puesta en escena, problemáticas específicas

11. **Mudanzas:**
   — Cambio de domicilio deseado o forzado
   — Residencias y direcciones sucesivas
   — Obligación o necesidad profesional

12. **Desplazamientos:**
   — De la familia entera, de un solo miembro, de varias personas
   — Duración, razones y consecuencias

13. Migraciones:
— Definir el proyecto migratorio
— País de origen y país de destino, causas y efectos de la migración
— Calidad de inmigrados, condiciones materiales y afectivas de la integración
— Para más detalles consultar el capítulo sobre la «La migración»

14. Situaciones políticas y guerras:
— 1914 Primera Guerra Mundial, 1936 Guerra Civil española, 1939 Segunda Guerra Mundial, etc. Consultar el capítulo «Genealogía, historia y religión»

A partir de estos datos, el consultante reflexiona sobre la naturaleza de los lazos afectivos que presenta su árbol, deduce las conexiones y las rupturas familiares, las lealtades invisibles, los mensajes transmitidos, escondidos o disfrazados.

El estudio genealógico facilita la memorización de los datos y su interpretación. El interés del esquema reside en la proyección de la historia familiar, la remodelación del documento inicial tras haber consultado en el ayuntamiento o en los archivos de la Administración o la Iglesia –los archivos parroquiales conservan documentación desde 1536–. El consultante se vuelve a apropiar de sus raíces, deviene el depositario de la historia, cuenta con sus títulos y documentos, puede compartir sus experiencias con el entorno. Los «pajaritos» o personas que detentan la información disfrutan extremadamente poseyendo confidencias en relación a los secretos de la familia. Si se hacen las preguntas adecuadas en el momento oportuno, siempre aparece una persona-fuente, índices o trazas materiales, como por ejemplo objetos: joyas, muebles, cartas, conservados durante generaciones. Muchos recuerdos familiares no resisten una pregunta clara y directa por teléfono, pero afloran con facilidad durante una visita distendida en la que dos o más interlocutores van charlando y profundizando. Cuando se acerca la muerte para alguien, empieza a contar el tiempo y puede revelar mucha información esencial, que nadie se esperaba.

DESCODIFICACIÓN DE LOS ANCESTROS A TRAVÉS DE LAS PALABRAS

Durante el trazado del genosociograma, el análisis se construye, el comentario se elabora y la memoria se refresca. Es necesario tomarse un tiempo de descanso, de maduración, poner un poco de distancia. La palabra del consultante expresa conocimientos preciosos del inconsciente familiar, hay que estar atentos a la entonación precisa, al murmullo, a los gestos de la cara, a las reacciones corporales. ¿Quién habla? Un abuelo, un ancestro es el que habla a través de las palabras pronunciadas, de las frases hechas, expresan sentimientos reprimidos y emociones secretas. Las palabras expresan un contenido, dan fe de las vivencias subjetivas de los antepasados, una frase repetida puede deshacer un nudo genealógico importante. El consultante posee una información sin descodificar, falta el software, el programa de traducción que le permita comprender el sentido, el sufrimiento subyacente. El psicogenealogista, terapeuta del alma de los ancestros, entra en contacto con la energía de vida y de muerte de los diferentes personajes del árbol. Este tipo de escucha difiere del análisis o de la terapia, porque afecta a la transmisión transgeneracional.

LO SENTIDO

Lo sentido es una huella inconsciente, profunda, que deja trazas corporales. La emoción toca el corazón, la toma de conciencia atraviesa los estratos del intelecto; lo sentido, lo percibido con emoción, es una impregnación. El peso de la memoria genealógica se transmite durante el proyecto parental en el momento de la concepción de un hijo, en el deseo de los ancestros de ver realizados sus deseos.

Lo sentido puede evocar la historia personal del paciente pero la originalidad de la psicogenealogía consiste en viajar en el tiempo en busca de causas pasadas. La cronología nos ayuda a encontrar la etiología de los acontecimientos, más allá de papá y mamá, mi hermano, mi hermana y yo. Lo sentido se expresa, como un guijarro cuando se lanza al agua, círculos concéntricos que deben descifrarse. Ponerse en contacto con los propios sentimientos es poder captar el sentido oculto tras las apariencias, liberarse de las influencias negativas y fundar la historicidad del sujeto, su capacidad para operar nuevas referencias, para ser coautor de su vida en el movimiento de la Historia.

EL RECURSO A LO SIMBÓLICO

El símbolo es, según la definición griega, un signo de reconocimiento. Jung, eminente investigador, introduce en *El hombre y sus símbolos* la noción de trascendencia: una palabra, una imagen, se convierten en simbólicos cuando van más allá de su sentido literal, evidente, inmediato, para significar alguna cosa más que su propia apariencia, para expresar su sentido más profundo. Entrar en el árbol es poder interpretar las cosas escondidas y rescatarlas del olvido. El símbolo tiene una función liberadora y es capaz de hablar allá donde una situación está bloqueada. Desvelar el sentido profundo es hermenéutica. El símbolo abre la puerta a los secretos de familia, hace visible lo invisible, teje hilos tupidos, revela sincronismos y dibuja síntesis. Gérard de Nerval escribe en su hermoso libro *Aurélia:* «No he podido penetrar esas puertas de marfil y hueso, que nos separan del mundo invisible, sin estremecerme». El método simbólico penetra en la psique, luz de vida.

El símbolo, privilegiada vía de acceso al inconsciente familiar, entrega las llaves que nos faltan, levanta el velo del silencio, de las cosas feas (enfermedades), de la parálisis. El rencor significa «devuélveme mi corazón». En un tiempo que está más allá del tiempo, el metatiempo, todo es posible. El símbolo nos entrega el mapa de nuestras raíces, el descubrimiento de coincidencias significativas estigmatiza las pruebas esperadas, pasarelas íntimas en las que el inconsciente obedece su propia lógica, donde el individuo está determinado por todo lo que lo precede, estando ligado a su pasado. La psicogenealogía se inspira en el principio de causalidad; la búsqueda de las causas primeras borra los efectos negativos de la ira familiar.

CAPÍTULO I

¿DESPOSADOS O ESPOSADOS?

O CÓMO LA ELECCIÓN DE LA PAREJA VIENE DETERMINADA POR EL PASADO

En psicogenealogía, la elección de la pareja se establece no en función de una preferencia individual sino en relación con las historias de las parejas familiares, con las filiaciones y las identificaciones anteriores. Si, en los cuentos de hadas, el destino de un chico es convertirse en un héroe y el de una chica el de encontrar un buen marido, para nosotros los héroes y heroínas son nuestros abuelos y abuelas, nuestros antepasados y, sin saberlo, reproducimos sus esquemas familiares, sus mismas penas y sus uniones imposibles.

La fecha de una boda, o la fecha en la que una pareja decide vivir junta, libremente, no explica suficientemente los tejemanejes del inconsciente. Las circunstancias espacio-temporales del encuentro entre dos personas, la magia de la primera cita con ese presentimiento sobre lo que pasará, permite captar informaciones insospechadas. Los papeles que jugamos a pesar nuestro, la atracción que sentimos por la futura pareja, el escenario en que se desarrollarán los hechos, proceden de la noción de determinismo. La obediencia a las expectativas de los ancestros dirige nuestra elección de pareja, la duración de la unión y los destinos parentales.

La elección del establecimiento de una alianza implica la entrada de nuevos miembros que rellenan el tejido del parentesco. ¿Debe considerarse la asociación de dos árboles como una oposición? ¿Responde a la complementariedad de dos opuestos o más bien es la unión de similitudes?

La alianza se define como la reunión de dos familias, aparentemente distintas, ocasionalmente semejantes. La toma de conciencia de la problemática que acarrea, de la forma en que la elección se ve condicionada, entraña una posible modificación en el comportamiento. Vincent de Gaulejac lanza la hipótesis que el sujeto, comprendiendo las obligaciones de su comportamiento, actúa sobre sí mismo, opera un trabajo que modifica su personalidad. La elección de la pareja se basa, pues, es criterios diversos, no exhaustivos, que podemos evocar mediante la elección del nombre de pila, por ejemplo. Groddeck evoca en sus *Conferencias psicoanalíticas para enfermos* el increíble hecho de que no escogemos personas, sino nombres.

LA ELECCIÓN DE LA PAREJA EN FUNCIÓN DE SU NOMBRE

El nombre de pila tiene un eco muy profundo en tanto que palabra familiar completamente reconocida. Durante una relación, la memoria asociará necesariamente un «Enrique», «Pedro», «Juan», «José» o «Andrés» a una persona muy amada, muy añorada, en ocasiones muerta de manera prematura o violenta. En ese caso nunca se llega a superar la pérdida totalmente y nada nos consolará.

A veces un nombre de pila, en el seno de la familia, evoca un niño o un novio, un marido muerto brutalmente (en accidente de coche, de avión, de gangrena, por la rápida evolución de una enfermedad o por otras razones que habrá que investigar). Como en el teatro, recordar un nombre es una especie de alabanza postmortem, una última oración donde le decimos al ser querido «vuelve una vez más, no nos abandones». Un nombre puede desaparecer: es expulsado y borrado del árbol, se intentará disimularlo, ocultarlo, será difícil encontrarlo, permanecerá en secreto como una pena muda. Pero ya sabemos que un silencio vale más que las palabras y una pequeña encuesta sobre nombres desvelará la persona que ostentaba el nombre prohibido.

El nombre puede recordar al padre o a la madre si se les admira, tanto si están vivos como muertos, a un hermano o hermana con los que sintamos una afinidad especial, o puede recordar a un amor pasado o a una amistad. A nivel familiar interno hablo de incesto simbólico: se forma una unión con el progenitor de sexo opuesto o con un miembro de la fratría; de este modo se realiza el deseo de formar una pareja con dicho pariente. La idealización del padre o la madre, de un hermano o hermana puede entorpecer la armonía de una pareja. Muchos reproches y críticas tienen que ver con la historia de la adolescencia o de la infancia. Los conflictos con los que se enfrenta una pareja real pueden derivar de un complejo de Edipo no resuelto. El análisis de las problemáticas generacionales aportará la prueba de una o varias causas antiguas que son el origen de una crisis conyugal y que pueden observarse mirando las historias afectivas del árbol. Por ejemplo, se puede formar una pareja fraternal tras la separación no deseada entre un hermano y una hermana. Dicha separación tuvo lugar mucho más arriba en el árbol. La pareja actual se ubica en el árbol en posición fraterna, es decir, uno al lado del otro; este tipo de parejas tiene poca inclinación por su propia vida sexual como pareja. ¿Qué consecuencias se desprenden de la elección de una alianza por el nombre?

LA ELECCIÓN DE LA PAREJA POR UN NOMBRE DERIVADO DE LA FRATRÍA

El caso de niños separados en su infancia influye en este tipo de elección. André escogió como pareja a Jacqueline, que curiosamente lleva el mismo nombre que su hermana Jacqueline. ¿Por qué? Porque en el fondo desea reencontrarse con su hermanita, de la que lo separaron tras el divorcio de sus padres, cuando tenía 6 años. André sufrió mucho por esa pérdida, no había palabras que pudieran consolarlo de su privación. Cada vez que llamaba a su mujer, estaba reclamando a su hermanita pequeña y perdida. Además, casándose con Jacqueline, venga la injusticia sufrida por su madre, Amélie.

En efecto, por culpa del falso testimonio del marido, Amélie perdió la custodia de su hija de 8 años, que fue entregada al padre pero, por decisión de la justicia, pudo conservar a su hijo. De este modo, los hermanos fueron separados y criados en la distancia. El sentimiento que apareció en el seno de la pareja simbólica André-Jacqueline fue el de abandono, con su corolario: la reparación del perjuicio afectivo y moral. La Jacqueline hermana se casó con Thierry, que curiosamente murió estando ella embarazada de su segundo hijo. Por decisión del juez, André –hermano de

Thierry, cuñado de Jacqueline y por tanto tío de los hijos de Jacqueline (que también se llamaba André ¡como el hermano del que la separaron!) fue nombrado tutor de los niños. Dado que Jacqueline no se volvió a casar ni a compartir su vida con ningún otro hombre, el tío André –tutor legal de sus hijos– pasó a un primer plano asumiendo por completo el papel de «padre social». En este caso se observa claramente las dos parejas André-Jacqueline formadas simétricamente a partir de la elección del nombre de pila.

ELECCIÓN DE LA PAREJA POR UN NOMBRE DERIVADO DE LOS PROGENITORES

El desequilibrio constatado en el árbol genealógico de André es mucho más flagrante cuando averiguamos que su madre, Amélie, escogió como marido a un Jules, que compartía nombre con el padre de ésta. Este tambaleo generacional produce confusión en los roles de cada uno. Las posiciones se superponen en el orden de las sucesivas generaciones. Simbólicamente, el padre se convierte en esposo, la hermana en esposa y el cuñado acaba haciendo de padre.

André, el hijo de Jules y Amélie, acabó dedicándose a una profesión en la que el orden es imprescindible y ocupa un puesto que todo el mundo debe tener en cuenta. Para ayudar a las futuras generaciones, será indispensable revisar y reubicar las posiciones de cada miembro de la familia en relación a las expectativas y los roles, para equilibrar nuevamente la balanza, saldar deudas y ganar méritos en el seno de la familia.

La elección de la pareja a partir del nombre tiene como consecuencia la dificultad de la pareja para armonizar las polaridades masculino/femenino y mantener el equilibrio de la unión, dado que desde el principio las posiciones están falseadas. La relación nunca podrá ser igualitaria y aún menos cuando la pareja tenga hijos. Un esposo estará sometido al otro y los descendientes los incitarán al divorcio, a procedimientos duros y laboriosos por la custodia de los hijos, a oscilaciones de conducta y a tensiones entre el rol paterno y el rol conyugal.

Elegir una pareja que tiene el mismo nombre que uno de nuestros padres indica el deseo de querer tenerlo siempre cerca, no querer cortar el cordón umbilical, la burbuja simbiótica, y presenta cuatro modalidades: madre-hijo, padre-hija, madre-hija y padre-hijo. En estos casos, la relación conyugal se convierte en un espacio compartido, de carácter simbólicamente incestuoso, con su parte de deseo de reconocimiento físico, mental, emocional y moral, que el cónyuge nunca podrá colmar, como es de suponer.

DIOS LOS CRÍA Y ELLOS SE JUNTAN

La elección de la pareja obedece a una lógica repetitiva causada por:

- El sentimiento de abandono
- Las situaciones de viudez en edades precoces
- Los linajes estériles o las muertes accidentales
- Los suicidios y los dramas
- El sentimiento de exclusión o el rechazo de carácter social
- Los problemas de pérdida de bienes, las liquidaciones, los negocios
- La relación con países extranjeros
- Compartir ideales

Podemos creer que nuestra educación y el medio sociocultural en el que nos criamos orientan nuestras elecciones amorosas, sin embargo, lo que captamos en el momento preciso en que conocemos a alguien –esos signos particulares que nos perturban emocionalmente– lo interpretamos como respuestas compensatorias, es una reactivación de nuestras historias familiares no resueltas. Las heridas antiguas transmitidas son de orden afectivo, expectativas narcisistas en la constitución del amor propio, falta de seguridad en sí mismo (manera de ser alimentado, tocado, llevado, besado, mecido, lavado y mimado), la no aprobación del sexo del bebé por ser niño o niña.

La elección de la pareja en estas circunstancias perpetúa el sufrimiento, en el peor de los casos, o a la inversa, transforma la energía ancestral para curar heridas antiguas. Si la familia tiene algún tipo de garante, sabrá convertir las experiencias dolorosas en sentimientos y acciones positivas para la posteridad, como valores de coraje, de creatividad, la facultad de adaptación, de crecimiento, de afirmación de uno mismo y el aumento de competencias. Esta constatación nos lleva al concepto de resiliencia descrito por Boris Cyrulnik en su obra *Les nourritures affectives*.

Conocer los orígenes, estudiar el árbol durante una crisis de pareja, permite coger la sartén por el mango, situar con precisión la causa en el tiempo, liberarse de las cadenas inconscientes y soltar el lastre de los errores cometidos. La decodificación de la herencia genealógica libera nuestra capacidad de amar, crea distancia entre el pasado y el presente.

Una consultante, Madeleine, escogió casarse con un hombre del que inconscientemente sabía que sería estéril y adoptaron hijos. El problema es que las adopciones beben de la fuente del abandono. No existe adopción legal sin niños abandonados en un árbol genealógico. Otro ejemplo es el relacionado con las mujeres que enviudan muy jóvenes: Pascale, optó por una pareja que inconscientemente sabía moriría antes de los 30 años; tuvo que hacer frente a esta muerte imprevista y tuvo que sufrir su período de duelo. No se trata del azar cuando observamos la problemática familiar, esta situación se ha ido reproduciendo durante seis generaciones. ¡Qué hermosa fidelidad del inconsciente! ¡Qué manera más sutil de reproducir lo idéntico!

PROBLEMÁTICA DE LA CONCEPCIÓN «PREMATRIMONIAL»

Nadine se casa con Jean-Pierre porque está embarazada. Su unión se concreta oficialmente gracias al futuro nacimiento del hijo común. Este problema, ya presente en su árbol genealógico, se transmite sistemáticamente saltándose siempre una generación. Es necesario encontrar la causa, volcarse en los viejos esquemas, escribir la historia vital de los ascendentes, reproducir sus escenarios e intentar sentir lo mismo que ellos sintieron. La aceptación de sus problemas detiene el proceso de repetición. La base de las uniones reposa también en la situación económica de los ascendentes.

PROBLEMÁTICA DE LA NEUROSIS DE CLASE

La problemática común de la pareja puede surgir de una neurosis de clase, más frecuente en las familias que han conocido movimientos migratorios, ya sea en el interior de su país (*oposición campo/ciudad*) o en países colonizados (*Marruecos*) o al extranjero (*América, Alemania, Francia*) viviendo una situación de emigrantes. La distancia geográfica no basta para deshacer los nudos afectivos ni arreglar las cuentas familiares, con sus deudas y sus ganancias. La huida hacia adelante no borra las obligaciones familiares, que siempre regresan, especialmente si presentan carácter de supervivencia o de obligación impuesta (guerras, por ejemplo) tanto en el marco de la política nacional como en el ámbito privado.

Victor de Gaulejac expone, en *La Névrose de classe*, la interacción de los factores socioeconómicos en la Historia. Qué difícil será para una niña o un niño «buenos chicos», que obedecen las reglas implícitas, ir más allá de la situación social de sus padres, sus abuelos y sus anteriores ancestros. La ruptura con los códigos, con los hábitos, con los valores precedentes, conduce muy a menudo a una recesión catastrófica. Las consecuencias de cambiar el estatus social y matrimonial pueden ser desastrosas, porque el cambio genera conflictos de traición y de culpabilidad interna: exclusión social, caída económica, desorganización familiar, separaciones, divorcios derivados de la crisis, perturbaciones mentales, enfermedades graves, operaciones urgentes. La ruina financiera lleva a la familia a la miseria. Este descenso (literalmente una bajada) se produce cuando la pareja comete «el error» de intentar ascender en la escala social. Y es que no se puede obedecer a la doble exhortación paradójica, que no es sino una doble coacción, de la programación genealógica que reza: «Lucha, hijo mío, por ascender socialmente siendo siempre fiel a tus orígenes». La lucha de clases está interiorizada. La neurosis de clase aparece cuando se da un conflicto interno, cuando los padres vehiculan mensajes contradictorios –según su ideología, su religión, su cultura y su medio social–. Si el sujeto corre riesgos pero sale triunfante y asciende socioeconómicamente, habrá ganado también el sentimiento de renegado que provocará la catástrofe y se encontrarán, él y su familia, en una situación de fracaso, de proceso, de dependencia, que lo llevarán a volver a partir de cero. La neurosis de clase no elucidada conduce a un punto muerto en el que la salida de emergencia desemboca únicamente en el punto de partida, en la casilla de inicio.

Por lo tanto, el fracaso es la solución de supervivencia al conflicto transgeneracional, del mismo modo que la enfermedad es la solución biológica mejor adaptada para hacer frente al estrés. Hay que reflexionar sobre las causas profundas del fracaso, cuando se cometen errores involuntarios que conducen a él. La neurosis de clase contiene una exhortación conflictiva de base: «tener éxito en el fracaso tras haber tenido éxito en una obra» (Paul Walawitch). Las personas que se ven enfrentadas a esta situación deben trazar su árbol genealógico con el fin de percibir el carácter inevitable, de apropiarse de la síntesis imposible de los destinos familiares. La neurosis de clase, punto común en el encuentro de dos personas que forman una pareja, seguirá apareciendo, particularmente durante la madurez de la pareja, que será el momento en que se habrá tenido éxito o no en la vida, provocando entonces el fin de la pareja o un tirarse a la piscina pase lo que pase. ¡Qué tenaz es este problema!

Una pareja no se define únicamente por una intimidad profunda como es la sexualidad, sino que también presenta una vertiente social. El éxito social no es evidente para los descendientes de familias emigradas o desfavorecidas, porque el individuo heredero se verá luchando por deshacerse de lealtades que lo mantienen prisionero. Así, las tentativas en relación a la innovación profesional, a la capacidad para ganar dinero con relativa facilidad, para disfrutar, para hacer fructificar el patrimonio, se parecen mucho a una carrera de obstáculos. Para cambiar de estatus, el individuo debe pasar por desprendimiento, por una traición a la familia, tiene que aprender a rechazar lo que no le interesa de sus orígenes, a decir que no a las exhortaciones morales que le transmite su súper yo (la vocecita moral de la mente), aprender a deshacerse de las divisiones de la personalidad. Por ejemplo: «Hijo mío, soy un hombre, escúchame siempre pero sobre todo sigue siendo pequeño, de manera que yo pueda ser siempre el más fuerte». La neurosis de clase aparece allá donde hay un complejo de inferioridad sobrecompensado, una sabotaje del proceso de maduración, de la constitución narcisista en vistas a la autonomía.

El conflicto puede quedar fijado en la noción de territorio y causar enfermedades orgánicas, en las que el síntoma habla en lugar de alguien que no dice nada. ¿Dónde está mi territorio, de dónde vengo? ¿A dónde voy? El estrechamiento del espacio vital, de los lugares vitales, desemboca en enfermedades respiratorias como la bronquitis; las amenazas al territorio provocan apendicitis y, en formas más agudas, peritonitis; las defensas del territorio causan infartos y hepatitis. Internamente, el problema territorial es otro, la polaridad masculina/femenina de la identidad es frágil. Las raíces no tienen tierra en la que hundirse. La tierra dada puede perderse, abandonarse o te la pueden arrebatar por herencia, por guerras o por colonizaciones. La neurosis de clase puede transformarse en el derecho a ser uno mismo, el derecho a la ascensión social, el derecho a cambiar de oficio, al placer, al éxito, a disfrutar de los bienes y del dinero que uno gana.

ELECCIÓN DE LA PAREJA EN RELACIÓN CON EL ESTATUS SOCIAL

Escoger una pareja perteneciente a un grupo social más elevado que el propio se denomina hipergamia. Cuando una mujer se casa con un hombre de categoría social superior a la suya, normalmente se trata de un hombre mayor que ella. La mujer ascenderá entonces en la jerarquía social despertando los celos y el despecho de la familia de origen y el rechazo de la familia del marido, que la verá como una «advenediza». El ascenso jerárquico será pagado con la incomprensión familiar, al tiempo que estará respondiendo a las exigencias de sus ancestros para mejorar las condiciones de vida del linaje. Ese deseo responde siempre a una causa primera: en el linaje debe haber un burgués, un aristócrata, un sacerdote, un individuo poco o nada reconocido. Este tipo de uniones intentan reparar el daño sufrido por el ancestro, es una forma de reconocerlo, de ubicar el linaje allá donde debería estar. Los niños nacidos de una pareja hipergámica tendrán que enfrentarse a la contradicción interna de la pareja de progenitores (con un estatus opuesto) y optar por el modelo paterno o por el materno. Les resultará imposible mantenerse fieles a ambos orígenes, a ambos árboles.

Por ejemplo, Julie pertenecía a un linaje obrero tanto por parte materna como paterna, los hombres de la familia eran todos hijos y padres de obreros; su madre conoció a su padre en la fábrica de tejas de Vénissieux, cerca de Lyon. Pero se enamoró y se casó con el director de una importante empresa, para el que fue la más fiel y amante esposa. Esta diferencia social en la que el héroe de la historia consigue una unión hipergámica, se describe perfectamente en la obra de Vigouroux, *Grand-père décédé – Stop – Viens en uniforme*.

Todo lo contrario ocurre en las parejas hipogámicas. Una joven rica, Tania Poïva, judía sefardita de la Europa del Este (Hungría en concreto) se enamoró de un joven artesano. Escogiendo a este hombre de condición humilde, se declaró en rebeldía frente a su herencia familiar, desobedeciendo la exhortación que dice «cásate en tu misma clase social». Pero, al mismo tiempo, obedecía a otra exhortación, más profunda y escondida, ofrecida como una manzana envenenada por una de sus antepasadas por línea materna, llamada Natasha: «Cásate con quien te enamore porque yo me casé con un marido que me hacía sentir acorralada en mi situación; te transmito, sin que lo sepas, la amargura de no haber podido vivir según mis sentimientos y deseos porque yo, tu antepasada, obedecí los principios del deber conyugal y de la razón. Así que, querida descendiente mía, te agradezco sinceramente que pagues el precio de mi error no obedeciendo a tu obligación de mantener una alianza aristocrática y cumpliendo así la realización de mi ideal amoroso».

Desautorizada por sus padres, a Tania le señalaron la puerta y se encontró en un callejón sin salida, frente a una disyuntiva imposible: «Deja a ese hombre o vete para siempre y no vuelvas nunca». Esta joven rica y exquisitamente educada, prefirió exiliarse sin un céntimo en los bolsillos y emigrar a Francia. El expolio de su herencia fue el precio que tuvo que pagar por su libertad, por posicionarse contra los valores tradicionales de su clase social. Una vez en París, su marido se lanzó al comercio del calzado. Para Tania, tras cuatro maternidades sucesivas, sus deudas empezaron a pesar. Abrumada por los acontecimientos y sin haber aprendido a hacer frente a las dificultades materiales, nuestra heroína –digna de una novela decimonónica– murió al abortar su quinto hijo, el cual no podía asumir ni moral ni económicamente. Finalmente obedeció, desde la distancia, la exhortación paterna: «o lo dejas o te vas», dejando cuatro hijos huérfanos de madre. Sus descendientes se lo pensaron dos veces y unos se hicieron religiosos mientras que otros permanecieron siempre solteros; en cualquier caso no tuvieron hijos. Permanecieron fieles a su bisabuela Tania en la idea de abandonar su país de origen, en este caso Francia, migrando a países menos desarrollados y sin querer pagar con sus vidas las rupturas familiares.

La elección de la pareja en el mismo grupo social se denomina isogamia. Por ejemplo, dos familias se montan un sistema de vida y sacan sus valores profesionales de la tradición del comercio, del trabajo del cuero, de la enseñanza o de profesiones de estatus más notorio (como abogados, médicos, farmacéuticos, políticos, etc.). Una alianza entre familias del mismo estatus es una unión de competencias, las dos familias juntan esfuerzos con un objetivo común, ambos cónyuges se implican en la misma dinámica profesional, de manera igualitaria o equivalente. La pareja trabaja junta, muestran más estabilidad y defienden juntos los intereses comunes del linaje.

La elección de la pareja se efectúa en función de las aspiraciones dejadas en suspenso por lo ancestros y de las experiencias anteriores que quedaron incompletas. En psicogenealogía es preferible remontar a la causa más antigua, si ésta es reparable en el árbol. En caso contrario, sin verificación, sólo podemos emitir hipótesis inspirándonos en los efectos observables. La liberación de un nudo genealógico tiene un aspecto mágico porque la energía nueva cae en cascada sobre todos los miembros de la familia. Los cambios favorables se desarrollan de forma simultánea en diferentes lugares, se trata de una concordancia que va más allá de nuestro entendimiento.

LA ELECCIÓN DEL CELIBATO. IDENTIFICACIÓN CON OTRA PERSONA DEL ÁRBOL GENEALÓGICO TRAS UN FRACASO AMOROSO

Cuando el consultante compone su genosociograma nunca piensa en colocar las segundas nupcias o las terceras. Sin embargo, las nuevas parejas entran a formar parte del árbol genealógico y con un peso muy importante en el caso de tener que educar niños, en los casos de viudez o de separaciones. Del mismo modo, las exparejas, los amantes y las parejas reales o platónicas cuentan mucho más de lo que se cree. El olvido involuntario del primer amor de la adolescencia, tan idealizado, de los novietes, de las relaciones abiertas, de las amistades fraternales y todas las uniones que se producen entre los 15 y los 30 años aproximadamente, son importantes y deben tenerse en cuenta porque ayudan a precisar la identidad de un individuo y su experiencia vital. Las nuevas parejas, las segundas nupcias, pueden ser una, dos, tres o más y pasar completamente desapercibidas, igual que las parejas anteriores al matrimonio o a la pareja de hecho.

Ilustremos esta cuestión. Jean-Pierre viene a la consulta. Quiere encontrar las causas de sus problemas emocionales y sexuales. Observando su árbol nos remontamos a 1856, fecha importante porque fue 100 años antes de su propio nacimiento, en 1956. ¿Qué pasó un siglo antes de que él naciera?

Emilie, la bisabuela de Jean-Pierre, tuvo siete hijos en nueve años y murió de parto al dar a luz al último de sus hijos, en 1856. Ese año tiene muchas más significaciones y está inscrito en la memoria familiar como un trazo importante cuyo portador resulta ser nuestro paciente. El año 1856 marca el momento en que el bisabuelo y sus siete hijos quedan abandonados por la bisabuela muerta. ¡Año aciago! El bisabuelo Jean, recién viudo, apenas podía sacar adelante y solo a su numerosa prole, así que acabó casándose con una tal Albertine, tan sólo seis semanas después de fallecer su primera esposa. Sin haber casi empezado el duelo y, desde luego, sin haberlo acabado, este matrimonio inopinado nos sorprende y sólo podemos suponer que esta chica era una relación extramatrimonial del bisabuelo y que se casó con ella lo antes posible. Dicha suposición aclara de manera notable el problema de Jean-Pierre, que nunca ha conseguido casarse y tener hijos, a pesar de sus ardientes deseos de hacerlo. Nuestro paciente se enamora siempre de mujeres que viven lejos, que no quieren comprometerse o que son mayores de 45 años y ya no quieren o no pueden tener hijos. Como podemos observar claramente, este hombre tiene una paradoja interna porque combina su deseo de tener una pareja estable y fructífera con el gusto por mujeres que no pueden proporcionarle lo que desea. ¡Sus ancestros se la han jugado bien! Pero volvamos a la historia del bisabuelo Jean. Tras sus dos matrimonios, volvió a casarse una tercera vez. De las tres uniones resultaron quince hijos todos vivos, prueba de un ardor y una potencia sexual más que destacable.

De su primera unión con la bisabuela, nuestro machote ardiente concibió una sola hija, Louise, contra 7 varones. Según la leyenda familiar, este tipo abusó sexualmente de su hija. De esta incestuosa violación, nació un varón que su padre reconoció como propio, Adrien. La muerte de su madre Emilie no trajo ninguna suerte a su pobre hija y podemos suponer la repetición del incesto en alguna generación posterior.

La decodificación de informaciones que se remontan un siglo atrás no deja mucho margen de actuación a nuestro paciente, Jean-Pierre obedece inconscientemente la exhortación de su bisabuela: «No te cases». Comprometido en un proceso de lealtad invisible, responde positivamente a la súplica: «No seas infeliz en el hogar y sobre todo no se te ocurra tener hijos, mírame a mí, que estoy muerta por ello». Ayudado por su tía-abuela Louise, capta otro mensaje complementario: «¡Lo más importante es que nunca tengas hijas! Es el modo de evitar los abusos sexuales». El comentario genealógico indica una identificación femenina por coincidencia de fechas de nacimiento y deceso. El dolor de Emilie es un resentimiento muy anclado, no pudo vivir su vida como mujer; considerando, además, la condición social de la mujer en esa época, el resentimiento individual era tan fuerte que dejaba una notable huella en las generaciones futuras. El escenario de Jean-Pierre comporta la necesidad de izar la esencia femenina, en este caso escogiendo un oficio artístico muy refinado, cantando las alabanzas del amor cortés. Descubrimos que la historia afectiva es heredera de la pareja fundadora que vivió un siglo antes.

Nuestro consultante se acerca a sus 45 años ¿Qué sucederá cuando llegue a la edad de la muerte de su bisabuela? La identificación puede desaparecer sin transición, Jean-Pierre comenzará una nueva vida y seguramente se aproximará a otro personaje de su árbol.

El principio de individuación descrito por Jung aparece en la mitad de la vida, como un proceso natural de renacimiento, de crecimiento, de nueva salida posible sin nostalgia del pasado. Los antiguos modelos y estructuras de funcionamiento se borran para dar paso a una fase de vida madura, llamada segundo nacimiento o renovación psíquica de las generaciones.

AMOR-PASIÓN. FIDELIDAD A UNA HISTORIA DE AMOR DEL PASADO ANCESTRAL

Las identificaciones conciernen también a las historias de amor no conseguidas donde la amargura y la decepción del ancestro se transforma más tarde en relaciones apasionadas palpitantes, más propias de los cuentos de hadas que de la realidad. Eva, cuyo nombre nos recuerda a la primera mujer del Génesis, fue a consulta por una historia del corazón: conoció a un hombre mayor que ella, Stephen, casado, extranjero y residente en un país lejano. Ese hombre y su mujer adoptaron una niña japonesa. Eva y su guapo extranjero se enamoraron perdidamente el uno del otro y ella intentaba comprender lo que pasaba, porque Stephen le había prometido divorciarse de su esposa y mudarse a Francia para estar con ella. Ya vemos en movimiento la correspondencia entre los dos inconscientes.

Ésta es la versión de la paciente, tal y como me la contó. Ella sabía que su abuelo Bastien había sido un niño adoptado por una pareja de aparceros de una granja. Su bisabuela, Elise, trabajaba como sirvienta de los propietarios de la granja, una acomodada familia de nobles italianos. A los 16 años se vio embarazada de su jefe, que delegó sus obligaciones paternas en los aparceros, una pareja estéril. Lo primero que uno piensa es que la leyenda familiar no se corresponde con la realidad biológica. ¿Cómo transformar una historia para que encajen los engranajes inconscientes? Digamos que la bisabuela no quedó en estado de su jefe ni estaba sometida a ningún tipo de derecho de pernada, sino que tenía un lío con el aparcero, que en realidad era padre biológico y adoptivo del niño. La mentira tejida alrededor de la relación y la mentira tejida alrededor de la sustitución de la paternidad condujeron a nuestra paciente a vivir una historia de amor complicada, en la distancia, con un extranjero casado. ¿Estaba viviendo ella su propia vida?

Si Eva llevaba a cabo su deseo de romper la pareja legítima de su amante, triunfaría allá donde su antepasada fracasó, es decir, conseguiría el divorcio de los padres adoptivos. En efecto, su bisabuela Elise hubiera querido que su amante, el aparcero (no el jefe presuntamente padre y padre natural de su hijo) se divorciara de su mujer, pero la moral de la época lo impedía. Podríamos concluir, de este modo, que ésta era la historia de una amor apasionado, que pondría de manifiesto los exaltados sentimientos de la bisabuela, una jovencita sensible y encantadora a ojos de su amante, el aparcero y padre adoptivo del bebé Bastien. Los deseos no alcanzados de nuestros ancestros nos proporcionan los escenarios en los que nos moveremos, sin que lo sepamos.

Pero también sucede que conocemos a nuestras parejas en el lugar de residencia. Esas parejas pueden recordar las raíces comunes de su territorio.

ELECCIÓN DE LA PAREJA EN FUNCIÓN DE LOS LUGARES EN LOS QUE VIVIERON LOS ANCESTROS

Chantal es una mujer morena de cuarenta años. De jovencita experimentó una irresistible atracción por un hombre que trabajaba como guía de alta montaña en Chamonix, llamado José. Investigando su árbol genealógico, Chantal descubrió lejanos ancestros comunes con los de José en la región de Lille, en el siglo XIX, todos pertenecientes al mismo pueblo. En su historia de amor no jugaron ningún papel ni el nombre de su amado ni las historias de amor de sus antepasados ni las experiencias propias. La coincidencia es sorprendente, las raíces comunes hacen suponer que sus antepasados se conocían y posiblemente algunos de sus miembros se habían enamorado. Chantal y José hicieron una pequeña investigación familiar para verificar esta hipótesis. Así obtuvieron informaciones precisas: sí, un par de antepasados se enamoraron pero, al ser primos, los padres se opusieron a la boda.

Muchas parejas se conocieron en lugares representativos para alguno de sus ancestros, como Noëlle y Philippe en Cévennes, Jacques y Denise en Casablanca, Dominique y Shawn en San Francisco. Estas personas construyen su historia sobre el mito de encontrarse en la tierra de los antepasados.

La elección de una alianza concreta responde a exigencias intrafamiliares estrictas, a una ley de reciprocidad donde cada cónyuge tiene deberes que cumplir y reglas que respetar en relación a sus antepasados. El programa genealógico también puede verse cumplido cuando una persona no quiere casarse y escoge voluntariamente el celibato. ¿Cuál es el desarrollo de este tipo de elección?

CAUSAS DEL CELIBATO

La elección del celibato suele ser el resultado de algún episodio traumático; tres causas deben buscarse en el árbol familiar:

- violación
- incesto
- historias amorosas escondidas a los padres o los abuelos

La percepción de sincronías permite situar mejor una pareja en la genealogía. Una pareja es heredera de historias del corazón o de rencores por parte de sus líneas respectivas. Los casos de violación e incesto se repiten por lo menos tres veces.

EL CASO DE LAURE O LA REPETICIÓN DE UNA VIOLACIÓN

La bisabuela de Laure, Célestine, fue violada con 22 años, quedó encinta y no podía asumir su maternidad para no avergonzar a su familia. Resolvió entregar su hijo en adopción a una pareja estéril. Es fácil entender por qué Laure, saltándose dos generaciones, insiste en mantenerse célibe y no tener hijos: también ella fue violada a la misma edad. El inconsciente nos hace revivir traumas mediante la ley de las repeticiones. En el caso de Laure, la rama se corta en seco y el árbol pierde ese extremo para siempre. Los sentimientos en juego son la vergüenza y el estigma. Escogiendo el celibato, no habrá más hijos de la vergüenza, no habrá niños estigmatizados, ni abandonos, se acabará el sufrimiento porque el celibato es una forma de resolver este problema, una forma de sacrificio consentido.

¡Escapa a tu destino, quiere atraparte! La elección del cónyuge se ve, en ocasiones, inducida por un par de gemelos. Lógicamente los hermanos gemelos no se casan pero el hermano o hermana puede servir para abolir la loca carrera del tiempo.

ELECCIÓN DE LA PAREJA EN FUNCIÓN DE LA FECHA DE NACIMIENTO. GEMELOS DE FECHA

La elección de una pareja que haya nacido el mismo día, mes, a veces incluso en el mismo año, o bien en una fecha muy cercana, máximo de una semana, o que tenga el mismo nombre, determina que en la familia hubo una pareja de verdaderos o falsos gemelos, los cuales fueron separados de pequeños o a los que sacudió la desgracia de algún modo. Uno de los niños pudo morir dejando al otro solo y desamparado, o puede que los hermanos fueran educados separadamente por razones mayores. Hay que buscar bien la causa como si de una enfermedad de la infancia se tratara. Si no encontramos en el árbol genealógico gemelos o mellizos, habrá que buscar dos miembros de la familia que hayan vivido de ese modo, como dos hermanos inseparables. Desde un punto de vista simbólico, ha formado unos gemelos. No hay que menospreciar este extremo. La unión con una pareja que lleve el mismo nombre entra en el mismo ámbito de análisis.

EL CASO DE LUCIENNE O UNOS GEMELOS

Lucienne se casó con Jean. Nacieron el mismo día, un 5 de junio, con un año de intervalo. Su unión reprodujo mellizos, sin saberlo. Le pregunto dónde están los verdaderos gemelos. Deben de encontrarse en uno de los dos árboles, el materno o el paterno. Lucienne se sorprende: «No entiendo la relación entre mi marido y unos ancestros gemelos». La negación «no comprendo...» lleva implícita una afirmación inconsciente; sí, hay una relación entre las dos cosas. Lucienne no encontraba la relación lógica ni la aproximación psicológica. Fue todo un descubrimiento para ella, y le aclaró muchas cosas sobre su relación conyugal. Su historia de pareja equivalía a un acto salvador de reparación, a una limpieza del árbol.

¿Qué les pasó a los gemelos? Pertenecientes a su linaje paterno, murieron antes de nacer, nunca llegaron a vivir. El padre de Lucienne, Rolland, nació en 1937, dos años después de la muerte de los fetos gemelos. Así es que fue concebido un año después del tremendo episodio y llevó consigo, en su interior, los dos pequeños. No hubo más hermanos ni hermanas después de él que pudieran reemplazar a los gemelos muertos tan precozmente. La madre, Aimée, nació en sexto lugar después de unos mellizos llamados Jules y Juliette. Ella supo interiorizar la pareja de mellizos que se habían situado justo en la posición anterior a ella, como en caso de Rolland.

Cuando Aimée y Rolland se conocieron, se reconocieron de inmediato. Aimée respondió al deseo de Rolland de ocupar el lugar de uno de los gemelos. ¡Ella tenía la experiencia de tener hermanos gemelos vivos! Estaba claro que su historia estaba lejos de poder ser resuelta, el duelo no se había acabado puesto que habían transmitido a su hija Lucienne una información sin decodificar. Aimée no crio a su primera hija, porque murió. La hermana mayor de Aimée murió al poco de nacer y nuestra consultante, pues, tenía una hermana muerta por delante (*véase* la rama paterna).

Como lealtad invisible a su madre, Lucienne no tendrá descendencia, sus tres embarazos no llegaron a término como fidelidad a su abuela materna. Lucienne tendrá que pasar por tres falsos embarazos para acabar de cumplir con el contrato. Por otra parte, nuestra consultante se enteró de que había tenido una hermana mayor con 8 años, por eso sufre una problema identitario en relación con la culpabilidad por haber sobrevivido. Su programa vital se ha tejido sobre esa carencia inconsciente, entre dos aguas, entre la vida y la muerte, ha vivido como una muerta en vida.

El bebé muerto al nacer no llegó ni a tener un nombre: ¡el vacío total! No hay una sepultura que conserve su memoria, el culto a los muertos no se cumplió según el rito católico, la pequeña fue enterrada en una fosa común. Cuando recuerda ese episodio la paciente se emociona y llora. Sus gemidos revelan que ha estado mucho tiempo sufriendo sin desahogarse, su pena no ha podido ser expresada. Lucienne se da cuenta que ni ella ni nadie de su familia, y menos aún la madre, hizo duelo por su hermana. Comprende el sentido de sus falsos embarazos, su maternidad encarna la tentativa de reemplazar la pareja gemelar heredada a través de su padre y la niña muerta de su madre.

¿Qué será de la hija de Lucienne, Micheline, hija única, la única superviviente de 4 embarazos? La abuela paterna tuvo una hermana, Michèle, muerta a los 20 años de tuberculosis; una de las gemelas fue llamada, como por azar, Michèle. Micheline da fe del deseo de vivir de su tía abuela Michèle. No se conocieron, sin embargo la sobrina nieta sabe que la muerte le fastidió la juventud, robó la esperanza de una jovencita en la flor de la vida, la dulzura de su primer amor, su belleza y sus ideales. Lucienne, apoyándose en la decodificación genealógica, explicará a Micheline las expectativas familiares. Ambas cumplirán sus misiones inconscientes y transmitidas por las generaciones anteriores.

LA PROBLEMÁTICA DE LA VIUDEZ

Los maridos mueren y las esposas toman el estatus de viudas. El inconsciente de las mujeres de la línea materna transmite la información al inconsciente de los hombres: «si te casas conmigo te mueres». Este mensaje determina la misión de esos hombres y forma parte de un mensaje que viene a decir: «abandonarás a tu mujer y tus hijos sin previo aviso, tendrás que desaparecer para dejar paso a un nuevo compañero».

LA HISTORIA DE NICOLE O DE TRES GENERACIONES DE JÓVENES VIUDAS

Una joven paciente de 30 años llamada Nicole vino a consultar porque la idea de casarse le resultaba tormentosa. Nicole, presionada por las reiteradas peticiones de su novio Alain, se sentía muy mal. Experimentaba una aguda angustia, una sensación de malestar incontrolable con la idea de vivir en pareja y se preguntaba sobre las razones que frenaban el paso natural de convivir con el ser amado y fundar una familia. Prefería vivir libremente con Alain como pareja de hecho, dado su conflicto interior con el matrimonio. Estaba muy unida a su madre, pero eso no lo explica todo desde el punto de vista de la psicogenealogía. Elaborando su árbol, descubrimos tres generaciones de mujeres que quedaron viudas antes de los 40 años; se trataba de su bisabuela y de su abuela, por el lado materno, y de su tía que además era su madrina. Los tres maridos respectivos de estas mujeres murieron todos a la edad de 41 años, teniendo un hijo cercano a los 18 años, curiosamente.

LA RED DE ALIANZAS

El cambio de patronímico para una mujer significa la entrada en una nueva familia de adopción, política. Para Evelyne Sullerot, la pareja, en la actualidad, tiene tendencia a evitar la alianza entre las familias, a no unir los árboles ni tejer redes con la parentela. Este punto de vista sociológico no se contradice para nada con la práctica psicogenealógica: la elección dc parcja se explica hoy a nivel interpersonal, una predilección de carácter amoroso empuja a los dos protagonistas a vivir juntos. En genealogía, el estudio comparado de los dos árboles genealógicos facilitará el análisis de las causas de esa aproximación sexual, geográfica y de pareja. Basta con remontarse a los abuelos para sorprenderse con las coincidencias, las similitudes que unen las familias y favorecen las alianzas. El inconsciente transgeneracional actúa a nuestras espaldas, orienta nuestras elecciones vitales, nuestras decisiones fundamentales según una lógica complementaria, según carencias que deben ser cubiertas, reparaciones psicológicas que nos son necesarias o cadenas mnésicas que debemos conservar. Anne Ancelin Schützenberger presenta en *Aïe, mes aïeuls* las obligaciones del matrimonio, que pueden diferir de las lealtades para con la familia de origen pero que se combinan con la familia política.

EL MATRIMONIO MIXTO, ALIANZA EN RELACIÓN CON EL EXTRANJERO

El matrimonio mixto constituye una elección compleja, más allá de las afinidades electivas de la pareja, las obligaciones mezclan culturas diferentes: desde la forma de cocinar hasta el comportamiento adecuado, pasando por los ritmos diurnos y nocturnos, las creencias religiosas y las fiestas a observar, las costumbres locales, la educación de los hijos comunes, la lengua y las relaciones entre el hombre y la mujer. ¿La gente es más fiel a su propia cultura o a la del compañero/a o al país de acogida? La sensación de tener que dividirse invade toda la existencia y crea problemas con la educación de los hijos. No es necesario cambiar de país ni de nacionalidad para experimentar problemas de comprensión mutua; en ocasiones basta con cambiar de región, mudarse de Oviedo a Algeciras, dejar Madrid capital para irse a un pueblo de La Mancha, incluso salir de una gran capital para vivir en el área metropolitana. En dicho proceso de cambio, la comparación con la trayectoria de los ancestros arrojará luz a la repetición de la historia vivida o bien a la necesidad de terminar con una trayectoria inacabada. La adaptación de la pareja, o de uno de los cónyuges, a la nueva cultura implica reconocimientos. Es posible que, optando por un cambio radical de tradiciones, se pueda rehacer el camino inverso, que tuvo lugar 100, 50 o 30 años antes, para no perder el hilo de los sentimientos ni recordar el pasado con nostalgia.

Las obligaciones maritales, en las uniones mixtas, trazan un camino donde los afectos encarnan una re-atribución del lugar abandonado. La adopción de un país, de la región, del pueblo o ciudad del cónyuge recuerda la obligación pasada de abandonar el lugar de origen, los sitios amados desde siempre, el arrepentimiento a pesar de uno mismo, el desarraigo que se sucede. Conocí a un periodista que sufrió una mutación por azar en el centenario de la migración de su bisabuelo (febrero de 1900 - febrero de 2000). Ese ancestro dejó su región de origen para instalarse en los Pirineos. Este joven hombre, fiel a la memoria de su línea paterna, dejó los Pirineos a los que había llegado su bisabuelo para regresar a Aveyron, la región de origen. Se adaptó sin problemas, encontrando buenas oportunidades que nunca llegó a imaginar, obedeciendo al deseo del bisabuelo de regresar un día a casa. Nuestro periodista se dio cuenta de que había hecho el camino inverso, el de la llamada de las raíces y pudo comprender el interés que sentía inexplicablemente por esa región y por sus habitantes.

Casarse o unirse a un extranjero proviene de una causa genealógica: un(a) extranjero(a) está escondido(a) en el árbol; quizá no se trata de una persona física, puede que la causalidad esté en relación con un país, con un ancestro que emigró. ¿Qué pasó, hubo algún acontecimiento importante en este sentido? Este episodio ha permanecido escondido, ignorado por diferentes razones en su momento. Puede que tenga que ver con los padres. Una paciente, Marie-Louise, nunca hubiera podido imaginar la vida que llevó su padre antes de conocer a su madre. Basta con saber las edades respectivas para sospechar algo: él tenía 30 años y ella 22 cuando se conocieron, ocho años de diferencia. Su padre, un hombre comprometido, se fue a la guerra de Indochina con 20 años y allá conoció a una joven vietnamita a la que dejó encinta. Como en esos períodos convulsos el gobierno daba una paga a los niños, su amante huyó; el militar nunca volvió a verla ni a conocer a la criatura, aunque un «pajarito» le contó que había sido un niño.

La consultante vino preocupada por su relación afectiva con un marino extranjero. Tuvimos que buscar el barco portador del mensaje significativo. El barco en cuestión era aquel en el que había navegado su padre para ir de Francia a Indochina. Detrás de la imagen del barco se escondían una mujer extranjera y un bebé. La consulta favorcció el diálogo de Marie-Louise con su ya anciano padre. Compartieron con emoción ese momento en el que la verdad se desvela, sacando fantasmas del pasado, liberándose del peso de un secreto de familia que pesaba sobre sus vidas. El diálogo acercó más al padre con su única hija. Marie-Louise, soltera y sin hijos, comprendió por qué nunca había querido tener hijos: un hermano secreto, mestizo, que su padre no llegó a conocer antes de fundar su propia familia pero al que amaba porque fue fruto de un amor sincero por la joven madre extranjera. De un modo inconsciente, la consultante siempre estuvo buscando a su desconocido hermano. En su juventud trabó una sólida amistad con un estudiante asiático, luego se enamoró de un marinero extranjero que se pasaba la vida surcando los mares. Su unión no podía fructificar sin transgredir el secreto familiar de un episodio que tuvo lugar antes de su nacimiento.

CHRISTINE O EL AMOR A DISTANCIA CON UN EXTRANJERO

Christine conoció a un australiano estupendo. Ambos se enamoraron apasionadamente. Ella vivía en el sur de Francia y compartía con su amor la profesión: los dos trabajaban en el mundo de la madera. El australiano estaba casado. Christine se preguntaba: ¿cómo es posible que sienta tan irresistible atracción por ese hombre? La verdad es que, sin saberlo, estaba siendo fiel a su propio padre. Su padre, Félicien, había soñado toda su vida con irse a vivir a Australia, la tierra lejana, la tierra de los pioneros donde vivir aventuras y quién sabe si hacer fortuna. Ese hombre encarnaba el ideal de su padre, un ideal siempre presente y vivo. Por tanto, Christine estaba subyugada por la imagen idealizada de Australia y los australianos; en realidad identificaba a ese hombre con su propio padre. El hombre de sus sueños estaba casado pero ansiaba divorciarse. Paralelamente, el padre de nuestra consultante no pudo irse a Australia porque la madre de ésta no quiso abandonar Francia y le cortó las alas, así es que por culpa de la esposa, el padre no pudo realizar su sueño. A través de la esposa del amante australiano, con la perspectiva de un divorcio, la consultante está pasándole cuentas a su propia madre. El padre guardó siempre un secreto rencor hacia su mujer y se lo transmitió a la hija. Christine no estaba viviendo su propia vida, por eso seguía soltera y sin hijos. La identificación con el ideal de su padre se pone de manifiesto.

EL AMOR ENTRE CUÑADOS Y CUÑADAS

EL USO DEL LEVIRATO

Los amoríos entre cuñados y cuñadas no son tan raros cuando se estudian árboles genealógicos. Puede que se trate de amores realmente vividos o de amores platónicos nunca realizados. Estas historias nos recuerdan el uso del levirato. Por definición, la costumbre del levirato designa el deber de un cuñado de casarse con su cuñada si ésta queda viuda. Si la pareja inicial no contaba con descendientes, el primer hijo/a habido entre cuñados contará como hijo del difunto, de ese modo se asegura una descendencia directa al muerto.

Marie se casó en segundas nupcias con su cuñado Roman. Este último obedecía a la promesa hecha a su hermano Louis, antes de que éste se fuera a Alemania: «cuida de mi mujer si me pasara algo». Louis murió durante la Segunda Guerra Mundial y su hermano ocupó su lugar casándose con su cuñada.

De manera simbólica, le dio hijos a su hermano mayor muerto, vivió a la sombra del difunto y se sacrificó por él. La pareja no fue feliz en absoluto, tanto es así que, cuando los hijos fueron mayores, abandonó a su «esposa-cuñada» e ingresó en una secta religiosa. Pero cumplió con su misión de procrear y educar hijos para su hermano, quedando ya libre para fundar su propia familia o para hacer lo que quisiera.

AMORES DECLARADOS TRAS UNA SEPARACIÓN, UN DIVORCIO O LA VIUDEZ

La fidelidad es el resultado de una identificación con el difunto. El cuñado ocupa el puesto del muerto, es decir, que el muerto «se lo lleva todo», lo cual nos conduce a pensar en celos de fratría, a un sentimiento de culpabilidad. «¿Por qué él sí y yo no?», y a un desafío: quedarse con su mujer para vengarse de los agravios sufridos. Estos engranajes de rivalidad permanecen, obviamente, en el inconsciente.

AMORES CONTRARIADOS ANTES DEL MATRIMONIO

Una jovencita sale con un chico pero luego se casa con el hermano de éste. El primer amor se convierte en su cuñado y lo guarda en el fondo de su corazón, completamente idealizado. La consecuencia inmediata suele ser, para las generaciones siguientes, la falta de descendencia.

AMORES ADÚLTEROS

Una mujer casada mantiene una relación amorosa con su cuñado, ya sea el marido de su hermana o el hermano de su marido. También una mujer soltera puede tener como amante al novio o marido de su hermana. ¿Los hijos nacidos de tales relaciones teñidas por una tonalidad incestuosa (en la fratría) ¿pueden ser declarados legítimos? Así aparece un secreto de familia duro de llevar.

El estudio de las relaciones afectivas, de las uniones transgeneracionales, a partir del árbol comentado, permite descubrir las zonas sombrías, los rincones olvidados, los agujeros en la memoria, el lapsus verbal y los errores escritos. La promesa es la liberación de amor, las ganas de amar, de ser querido, de ser libre para dar y recibir. A través del otro, consigo la unidad conmigo mismo, una vez que las lagunas afectivas se ven colmadas. Quisiera evocar la carta segunda del Tarot, La Papisa, que tiene las claves de la sabiduría. Generación tiene la misma raíz que gnosis, conocimiento. La psicogenealogía es de notable interés porque los efectos de la verdad familiar son inmediatos; en este sentido, el método no puede ser comparable al psicoanálisis o a la psicoterapia clásicos, disciplinas basadas en el propio sujeto o la evocación de un pasado traumático individual. La revisión de los antiguos esquemas conceptuales es un paso obligado.

La cuestión de las alianzas nos conduce a abrir una investigación sobre la fundación de la familia, los roles y deberes paternos, los derechos de los niños. De la elección de la pareja resulta la filiación, gracias a la cual las ramas del árbol se despliegan. Todo empieza con la magia del primer encuentro ¡y sigue con el milagro de la concepción! ¿Qué significarán, pues, la concepción fuera del ámbito de la pareja, la concepción tardía, las posiciones simbólicas relacionadas con el rango de la fratría o el orden de llegada de los nacimientos? Los embarazos histéricos, los bebés muertos al nacer, los niños que mueren a corta edad ¿cuentan también? No se puede modificar el orden y rango de nacimiento, sin embargo, los errores de recuento provocan confusiones responsables de desequilibrios generacionales y de modificaciones en las posiciones iniciales. Las identificaciones pueden invertirse en cuanto al género y así encontraremos mujeres viviendo en estrecha correspondencia con algunos hombres de la familia.

CAPÍTULO II

FILIACIÓN Y FRATRÍA

O LA CONCEPCIÓN ES OBRA DEL AMOR

EL PAPEL DE LA CONCEPCIÓN EN PSICOGENEALOGÍA

La identidad de una persona viene dada por su fecha de nacimiento. En psicogenealogía, la fecha de concepción, así como el proyecto de la concepción misma, orientan la programación del individuo. El proyecto-sentido, descubierto por Marc Fréchet, permite averiguar las motivaciones inconscientes de la pareja que dejan su huella antes y después del nacimiento de sus hijos. El misterio de la concepción reside en la chispa producida a partir de dos gametos, un espermatozoide y un óvulo. La explicación genética no resulta suficiente. Marc Fréchet, psicólogo, curó a muchas personas trabajando sobre sus vivencias y sus sentimientos, según el método de los ciclos biológicos, de la memoria celular relacionada con puntos de referencia de la edad de la autonomía. El paso de la vida intrauterina a la vida aérea es el primer punto de referencia de autonomía adquirida, según Christian Flèche en *El cuerpo como herramienta de curación: decodificación psicobiológica de las enfermedades.*

LA BÚSQUEDA DE SINCRONISMOS

Las sincronicidades son las coincidencias significativas entre las fechas de concepción, nacimiento, boda, separación, divorcio, enfermedad, accidentes o muerte. Es importante conseguir desvelar las correlaciones escondidas. Por ejemplo, una persona nacida el 24 de agosto de 1969 fue concebida aproximadamente el 24 de diciembre de 1968 (en Navidad), otra nacida el 1 de agosto de 1957 fue concebida el 1 de noviembre de 1956 (por Todos Santos). Un año diferente puede ser importante gracias a la concepción y ésta puede ser el centenario de algún acontecimiento importante en el árbol. En mi praxis me he dado cuenta de que muchas citas se corresponden con fechas de aniversarios que el propio sujeto desconoce. En ese día concreto, de aniversario, la puerta del inconsciente se abre y el desarrollo de los acontecimientos puede tomar caminos insospechados.

LA BÚSQUEDA DEL SANTO DEL DÍA DE LA CONCEPCIÓN, DEL NACIMIENTO, FIESTAS TRADICIONALES DEL CALENDARIO

El santo del día revela pistas genealógicas inéditas, por ejemplo Carmen, una mujer de origen español, tenía problemas de dinero, no conseguía ahorrarlo ni conservarlo cuando lo tenía, ni invertir en patrimonio o en proyectos a largo término.

Carmen nació el día de san Amadeo.[1] Le pregunté quién jugaba en la familia: ¿hay algún ludópata en la familia? Entonces se acordó de que su abuelo, en España, era un famoso jugador de cartas y de dados, incluso iba a los casinos. Tras perderlo todo por culpa del juego, tuvo que irse de España huyendo de sus acreedores. Toda la familia sufrió su migración precipitada y llegaron a Francia en condiciones desastrosas en relación a su posición socioeconómica anterior. En ausencia de otras informaciones, el santo del día puede informarnos sobre episodios vitales escondidos detrás de un nombre, sobre partes fundamentales del árbol genealógico.

---

1. Juego de palabras intraducible entre saint-Amédée (san Amadeo) y «*à mes dés!*» (¡mis dados!), que alude a la relación entre la fonética francesa del nombre del santo y los juegos de azar. En castellano, sin embargo, no tiene el menor sentido. (*N. de la T.*)

LA MITOLOGÍA DE EROS

Platón, filósofo del siglo v antes de Cristo, explica una hermosa historia sobre el origen de Eros en *El Banquete*. Sócrates dialoga con Diotima, la sacerdotisa de Mantinea: «Sócrates – ¿De qué padre, pregunto, nació y de qué madre?». Diotima precisa que los dioses se reunieron en banquete y, entre ellos, se encontraba el hijo de la Sabiduría, Poros (la abundancia). Este último, ebrio de néctar, se quedó dormido en los jardines de Zeus. Por allí pasaba Penia (la pobreza) y se quedó mirándolo mientras meditaba que nada era nunca suficiente para ella y soñaba con un hijo de Poros, la abundancia. Se acostó cerca de él y éste se dio cuenta de que ella se embarazó de amor. Eros, el hijo de la abundancia y la pobreza, siempre sería pobre por su madre y rico por su padre, combinando en sí ambas naturalezas, sin llegar nunca a la ruina ni a la opulencia, sin ser totalmente sabio ni totalmente ignorante, a medio camino entre sus opuestos padres.

LA FECHA DE LA CONCEPCIÓN

Si Eros preside nuestros amores, en psicogenealogía la fecha de la concepción es más importante que la del nacimiento, porque hay que determinarla. El cómputo del tiempo será aproximativo y habrá siempre una semana de margen. Para los nacimientos prematuros hay que echar mano del ritual del nacimiento a término. La fecha de la concepción es un indicador precioso que nos señala aspectos simbólicos del calendario vital. Las concepciones anteriores a la formación de una pareja ofrecen una ilustración de la hipótesis.

UN BEBÉ, ¿UN ACCIDENTE? EL DISCURSO DE LAS MADRES

¿Un bebé, un accidente? «No eres deseado», dice la madre. Un niño llega formando parte de un proyecto, es el fruto de un deseo al mismo tiempo consciente e inconsciente de los padres, sus progenitores. La unión de dos gametos no tiene lugar por azar sino por la aparición de una ley psicogenética que obedece a la ley de los ancestros. Un nacimiento es siempre deseado desde el punto de vista filogenético, que responde al deseo de crecer y reproducirse de los animales y las personas, al deseo del árbol de extender sus ramas y sus hojas. Si hay un accidente, pues, sólo puede ser considerado como tal desde el punto de vista individual. Cada persona pertenece a un linaje. Una pareja puede construirse por culpa de esta concepción imprevista y, sin embargo, tan profundamente deseada por el linaje. El linaje envía su mensaje, inconscientemente.

Curiosamente, algunos pacientes descubren, en su árbol, concepciones fuera del matrimonio que nunca se habrían dado dentro del mismo. Otros, en su más tierna infancia, fueron marcados con frases muy dañinas:

- «De no ser por ti nunca nos hubiéramos casado»
- «Si no hubieras nacido yo no estaría atada a él»
- «Yo no te quería»
- «Soy infeliz con tu padre por tu culpa»

El niño concebido fuera de una pareja previamente formada lleva la responsabilidad de la unión de sus padres o de su madre con algún otro hombre que haga las veces de padres social y nutricio. Lleva el peso de la culpa en el seno de la religión, el pecado de la carne, de acercamiento sexual prohibido, el pecado de la cama, el peso de la crisis conyugal que llegará inevitablemente. El niño nacido de esta sexualidad transgredida se sitúa, en la fratría, en un lugar aparte, especial, aun siendo el primogénito. Ese niño tiene una posición simbólica intermedia, a medio camino entre sus padres y sus hermanos. Esta ubicación será difícil de soportar en la edad adulta y comportará siempre cambios y dudas en el ámbito profesional, arrepentimiento y pena por haber vivido una infancia de medio-niño/medio-adulto y (o) de verse empujado a formar una pareja que no le gusta, con tensiones internas que le impedirán formar una buena pareja. El niño concebido de este modo, si tiene a sus padres juntos, está aprisionado por su red. En la edad adulta, su propia paternidad le costará un gran esfuerzo.

OPOSICIÓN AL MATRIMONIO

Los padres de uno, o los padres de ambos, se oponen a la unión de su hija o de su hijo. Pero en lugar de portarse como jovencitos dóciles, éstos se rebelan y deciden encontrar el modo de forzar las cosas –un embarazo nunca falla– para salirse con la suya. Para esto son posibles tres causas: la primera, que la hija o el hijo estén escapando al celibato forzoso de algún antepasado, como resultado de una unión contrariada y por tanto no reflejada en el árbol genealógico. Por lealtad transgeneracional, el matrimonio o la pareja se convierten en una obligación. Las familias de origen se enfrentan a la paradoja del deber y el deseo. Así, el niño es un instrumento para salvar la oposición al matrimonio. En segundo lugar, puede tratarse de la historia de una hija-madre, una madre célibe que no pudo casarse con su amor y lo sufre en silencio. El tercer caso consiste en una pareja que no ha podido vivir su historia de amor hasta al final porque él o ella mueren prematuramente. ¡Qué golpe tan tremendo, qué desgarro de la vida! La herida es más viva cuanto más brutal es la muerte, más violenta, sin la posibilidad de un adiós, como en un accidente. El niño-accidente es colocado en el lugar del accidente, de lo que ha privado a una persona de afecto y la ha sumido en un sentimiento de profundo abandono. La prueba más evidente es que el viudo/a no vuelve a casarse nunca, como fidelidad al desaparecido. El niño-accidente despierta al muerto o al desaparecido que se va a comprar tabaco y no regresa jamás ni da señales de vida. El accidente llega en un buen momento para reunir a dos personas prematuramente separadas, llega al lugar oportuno y en el momento preciso y toma el relevo del desgarro paterno o materno, carga con sus lágrimas contenidas, con la ira de la impotencia, con los sentimientos callados. El niño-accidente reubica dos piezas separadas, las une, las reúne.

Ese matrimonio, arreglado deprisa y corriendo, representa al difunto que debe ser enterrado. ¿Dónde está? Es el hombre que se fue, el seductor de una sola noche y el niño se convierte en el guardián de su paso, de su memoria, de su partida sea cual sea la causa. Está aquí = concepción del niño; ya llega = el niño nace. ¿Quién está y quién no está ya? ¿Quién llega, quién se ha ido sin avisar? El niño-accidente reaviva la inquietud pasada, cuando las preocupaciones materiales han relegado la pena a un segundo plano, han envenenado las palabras, han borrado la ternura, han conducido a una actitud de supervivencia dificultosa. El niño concebido fuera del ámbito de la pareja madura mucho más rápido porque compensa una pérdida inconsolable.

El primogénito compensa la falta de amor sufrida por los ancestros, reemplaza, con su presencia, un ser querido que se ha ido prematuramente. Por eso llega antes de tiempo. Deben buscarse siempre las relaciones temporales. Las concepciones fuera de la pareja llevan directamente a la formación urgente de pareja y ése es el objetivo del secreto desvelado.

UNO DE LOS MEDIOS DE CONSEGUIR UN SEDUCTOR: ¡QUEDARSE EMBARAZADA! EL CAZADOR CAZADO

En los árboles genealógicos pregunto: «¿Dónde se conocieron estos dos?». Una joven mujer conoce a un hombre en el baile, en el bar, y la previenen: «Es un mujeriego, le gustan todas, no tiene manías; donde clava el ojo clava la estaca y luego sale corriendo». Con esas palabras la mujer en cuestión pierde el norte, animada por un irreprimible deseo de lanzarse al ataque: «Allá donde las otras han fracasado (en cazarlo) yo triunfaré». De repente quiere casarse con él. Se nutre de una fuerza interior derivada de la competición con otras mujeres, de la experiencia adquirida a través de sus hermanas, como si de un problema de celos intrafratría sin revolver se tratara, o quizás más arriba en el árbol, de unos celos antiguos. Es algo como «quitarle el novio a la amiga». Pero una vez cumplido el desafío, empiezan las desgracias y las penas, porque esa mujer está agarrada con las uñas a sus ilusiones y al sacrificio.

Encontraremos, en el linaje del padre del niño, una línea femenina cargada con todas las novias anteriores al matrimonio, más todas aquellas a las que tuvo que renunciar, además de todas las amantes que le irán saliendo a lo largo de su vida en pareja oficial. De este modo, el niño está inscrito, antes de su nacimiento, en una historia de potenciales infidelidades consecutivas a unos celos genealógicos. El padre, por su parte, se verá metido en una repetición familiar: hereda los sentimientos de su propio padre, de su abuelo, de su bisabuelo. La madre hereda una triste historia de abandono, situada más arriba en el árbol, en un momento en que un hombre se fue sin decir adiós, o se murió de repente, o se largó poco antes de que naciera su hijo. No tuvo palabras ni gestos de amor para decir las cosas, el consuelo por el hombre ausente consiste en guardarse los sentimientos en lo más hondo del corazón, bien guardados, bien enterrados. El niño estará programado a partir de esas premisas.

El destino del niño concebido antes de tiempo está escrito desde atrás, revestido de una reacción de oposición –formal o interiorizada– al matrimonio, que luchará por reivindicar su lugar, sin encontrarlo fácilmente. Sus padres lo convertirán en rehén, quizás lleve una vida afectiva descompensada, entre dos aguas. Sabrá que uno de sus progenitores no quería casarse, que lo hizo por obligación, para pagar por la falta cometida.

De entrada, la mezcla entre sexualidad y paternidad conlleva confusión. Habitualmente y por razones culturales o religiosas, cuando un hombre que ha dejado embarazada a una mujer rehúsa cumplir con sus deberes paternos y huye, la mujer y su familia se ven empujados a cazar un marido sea como sea.

SENTIMIENTOS DE VERGÜENZA, DE RECHAZO, DE EXCLUSIÓN

Elisabeth Badinter escribe en *L'un et l'autre* que es una vergüenza para el niño no poder llevar el apellido de su padre y también es vergonzoso, para la madre, tenerle que poner su propio apellido a su hijo, que en definitiva es el mismo apellido del abuelo. En psicogenealogía preguntarse: ¿quién ha declarado al niño?, ¿la comadrona, el abuelo paterno, alguien cercano a la familia? Al llevar el apellido de la madre, que es el del abuelo, el niño queda revestido de un tinte incestuoso, simbólico o genético. La joven madre queda dentro de su propia familia, dependiente de ellos, escondida en casa si ha habido incesto, muerta de miedo para que su secreto no se sepa, rechazada antiguamente en caso de violación, ¡como si la violación fuese una enfermedad contagiosa y vergonzante!

PRIMER CASO: EL VIUDO QUE SALVA A LA MADRE Y AL HIJO DE LA VERGÜENZA

La mujer embarazada y abandonada se junta con un viudo mayor que ella. El viudo no le gusta nada, pero responderá perfectamente a las nece-

sidades del bebé que está por nacer. Es el hombre ideal, un padre recono-
cedor. En el caso de una familia recompuesta –segundas nupcias para él–,
la nueva esposa pagará su deuda como amante esposa, mujer de su casa y
educadora de los hijos de la primera esposa.

SEGUNDO CASO: EL EXTRANJERO SIN PAPELES QUE ASOMA LA CABEZA Y LE TOCA EL GORDO

La mujer encinta, sin posibilidad de recuperar al padre de su hijo porque
éste ha huido o la ignora, encuentra un extranjero sin papeles que quiere
instalarse en el país de la mujer. El inmigrante acepta casarse con ella,
aunque ama a otra mujer en su país de origen, o está comprometido,
incluso casado y con hijos, circunstancia que esconderá. El extranjero
busca instalarse y entrar a formar parte de la nueva sociedad. Ser el padre
social de un niño local es un pasaporte para el reconocimiento como
parte integrante de la sociedad, para obtener la nacionalidad, introdu-
cirse en una familia local y ser plenamente aceptado y respetado. Pagará
su deuda como emigrante cargando con una mujer abandonada y el hijo
de ésta.

TERCER CASO: HOMBRE DE CONDICIÓN SOCIAL BAJA SE CASA CON UNA MUJER DESPRESTIGIADA

Este caso es un contrato social de carácter moral. Las dos partes tienen
cuentas que saldar con la sociedad. El hombre paga la deuda de la madre
desprestigiada haciéndose cargo del hijo que espera; la mujer paga consigo misma entregándose a un hombre inferior a ella. La familia de ella se
alejará y la de él también; evidentemente, ambas familias nunca estarán
de acuerdo. Se trata de una deuda moral tangible en la que el contencioso
con el padre hace a la mujer cambiar de clase social. El marido venga a
su propio linaje casándose con una soltera embarazada de un hombre de
clase alta. Según los criterios burgueses antiguos, una boda entre ambos
sería del todo imposible, pero en situaciones como ésta, le puede dar la
vuelta a su favor, venga a su ancestro «soltera embarazada y rechazada»,

en ocasiones desterrada de la familia o del pueblo. En la nueva pareja desigual, la regla será la aceptación de las diferencias.

El progenitor huido podía ser un jefe o ejercer una profesión liberal (cirujano, médico, abogado...), la mujer ultrajada podía ser la criada, la cocinera, la gobernanta, la institutriz, la niñera. Ese tipo de hombres, consagrados a su deber, a mantener impoluta su reputación, a salvaguardar el honor de su linaje, podían abusar de cierto derecho de pernada sobre sus empleadas jóvenes, ignorantes, inexpertas, colocadas a su merced y sometidas a su poder, a su sexualidad, a sus encantos y a sus estratagemas seductoras. Ese tipo de relaciones estaban condenadas al fracaso desde antes de iniciarse porque nadie se casaba con sus criadas ni sus empleadas domésticas. Ese tipo de matrimonios era extremadamente raro.

Si la desigual unión tenía lugar, la interpretaremos como un rechazo a cumplir la misión de los ancestros o la cuenta que debe saldarse con la madre o con la madre del padre. El hombre de clase alta que se casaba con una sirvienta podía percibir a su propia madre como una mala madre, una castradora pendiente del qué dirán, socialmente hipócrita y con aires de diosa asfixiante; se casa con la criada para fastidiar las expectativas de progreso social de su castradora madre. Sabe que entre ambas mujeres –la esposa y la madre– la relación será nefasta. En realidad, se venga de la imagen interior que tiene de la «madre» y, en ese sentido, se venga de todas las madres anteriores de su linaje. Si cae enfermo somatizando sus contradicciones, su esposa lo cuidará devotamente sin quejarse. Al ser de condición inferior, pasará por el aro de lo que sea, en pago de su propia deuda.

Las concepciones fuera del matrimonio no cesan de suscitar preguntas en cuanto a la paternidad biológica de los niños. La unión legítima del bebé. Pero hay familias muy capacitadas y especialmente aptas para guardar un secreto tan bien que no hay forma de averiguar la verdad, casos en los que el padre social cumple tan perfectamente su papel sin ser biológico, que nada hace sospechar la realidad; en estos casos, el hombre que tan bien interpreta su papel está resarciendo algún niño fruto del adulterio, varias generaciones antes. El síndrome del centenario debe ser verificado, así como el contexto genealógico.

Las hipótesis lanzadas permitirán seguir el hilo olvidado de la memoria y comprender los complejos engranajes de los sentimientos, en cuanto a la transmisión de afecto. El amor no es el único motor de las relaciones intrafamiliares. El odio, las ganas de que la madre o el padre o un hermano se mueran o se pongan enfermos, existen y deben considerarse. Según Groddeck, si las madres supieran lo normal que es desear, ocasionalmente, la muerte de los propios hijos, la de sus padres, la de sus hermanos, dejarían de sentirse culpables, de sufrir síntomas patológicos y de vivir angustiadas. Esos deseos son fantasmagóricos; nunca se realizan porque, si lo hacen, todo se complica. La demostración de todo el poder del niño se confirma en su papel de aprendiz de brujo, su creencia en el pensamiento mágico pasa por encima del principio de la realidad. Sucede a menudo que, tras el deseo de un niño de que se muera su madre, ésta muere realmente. Para ese niño, el sentimiento de culpabilidad le perseguirá mientras viva. La culpabilidad corroe por dentro, actúa como una gangrena: «Mi madre se murió porque yo se lo deseé, por mi culpa».

LA CONCEPCIÓN TARDÍA Y EL DESEQUILIBRIO GENERACIONAL

Las concepciones tardías suscitan varias preguntas en el árbol. ¿Cuál era la salud de la pareja en el momento de la concepción y 9 meses antes? La pareja tuvo una crisis y pensaron en tener un hijo para reconciliarse? Por ejemplo, en ocasiones se produce un embarazo tras un episodio de infidelidad por parte de uno de los dos cónyuges. El niño nacido a los 10, 15, 20 años o más de matrimonio, como reconciliación por una crisis de pareja, ocupa la posición del «niñito pequeño de la casa». No estamos hablando de hijos nacidos de parejas en segundas nupcias con hijos ya mayores, ese caso es diferente. Hablamos de lo que se llama hijo de la reconciliación. Pero si ese niño reconciliador fracasa en su misión, ¿qué pasa con él? Su concepción equivale a la de un niño fuera de la pareja, ambos sirven para acercar a un hombre y una mujer, para que se unan o para evitar que se desunan. Como el mito de Eros, a medio camino entre su padre y su madre. En ambos casos hay que encontrar el misterio, el secreto de familia y desvelarlo.

Hay madres que esperan e incluso superan el límite de edad para tener un hijo: entonces hay que considerar la división interior masculino/femenino. ¿Qué aspiraciones tenía esa mujer, qué modelos de mujer o de hombre la inspiraron? Puede que el hijo haya sido soñado, entonces hablaremos de una gestación larguísima, de 15 o 20 años. En ese caso no serán viejos los padres, sino que será viejo el bebé mismo. Un bebé que ha tenido serios problemas para encontrar su lugar y poder salir del vientre materno. Hay que profundizar mediante una investigación sobre la madre interior, sobre los arquetipos maternos.

A veces la madre sacrifica su maternidad y la vida en pareja para privilegiar sus estudios, su carrera profesional, su independencia, para conservar su aspecto juvenil, para evitarle a su cuerpo los estragos de la gestación y el parto. Al final, la maternidad tardía la salva de un duelo fatal, del estatus de solterona que se queda para vestir santos, tan mal visto hace años. Y lo mismo para los niños adoptados a una edad avanzada: esas adopciones dan fe de una herida narcisista durante un nacimiento, dan fe de una procreación imposible que ya no se espera. Esta creencia, fundamentada en hechos reales, atraviesa las generaciones sin alterarse y puede deberse a experiencias vitales de mujeres ancestrales en el árbol: si tengo una hija me muero, o si tengo un hijo me muero.

Es una razón exclusiva para el nacimiento de niñas o de niños; afortunadamente, la elección de una alianza compensa la balanza desequilibrada: si tengo pocas o ninguna hija en mi árbol, el de mi pareja tendrá un elevado número de varones. En el miedo al parto y en casos de depresión posparto, puede darse el caso de una madre muerta durante el parto. El bebé sobrevive, sin embargo. Más raramente es el padre quien muere en el momento del nacimiento. La ilusión consiste en creer que si uno nace el otro muere. Es como una especie de rencor derivado de un nacimiento. Muchos sentimientos de abandono derivan de esta maléfica creencia.

LAS SEGUNDAS NUPCIAS DE LA MADRE

El niño que nace de una madre de más de 40 años es criado como hijo único si la diferencia con la edad de sus hermanos o hermanas uterinos es superior a 15, 20 o 25 años. Este intervalo de fratría equivale a un salto generacional. Si el embarazo llega cuando el hermano mayor está ya en edad de procrear, y muy especialmente cuando se trata de una hermana, la madre le roba el protagonismo a la hija mayor. Según Elisabeth Horowitz, los padres se posicionan como abuelos y los hermanos como padres potenciales.

Analizaremos este acontecimiento vital como una rivalidad madre-hija y la causa de este problema la encontraremos en unos celos no resueltos entre la madre del niño y la hermana del niño. Si seguimos el hilo hacia arriba, en el árbol, encontraremos una rivalidad idéntica entre hermanas. El sentimiento de ser menos amado se vive como una injusticia basada en la creencia de que los padres prefieren a la otra hermana. La concepción tardía es también una forma de regalar un bebé a la abuela materna, que no siempre pudo vivir como se debe su vida de mujer. Puede contribuir a acercar a la nueva mamá con su propia madre, la abuela materna del bebé. En la cuarentena, un acercamiento así favorece la madurez y la renovación natural de las generaciones, comporta cambios de posición en las ramas, incluso de las más lejanas. La media de las dos fechas de nacimiento parece ser un indicador fecundo si se quiere efectuar el cálculo. Por ejemplo: un niño ocupará una posición simbólica intermedia entre la fecha de nacimiento de su abuela materna (pongamos 1932) y la de la madre (1956), esto es, 1944. Nos preguntaremos entonces: ¿qué pasó en 1944 en esta familia? La identidad parte del proyecto de concepción, se realiza, cuando el niño aparece, mediante la declaración de nacimiento y la elección del nombre, por parte de los padres.

CAPÍTULO III

LA ELECCIÓN DEL NOMBRE
Y LAS POSICIONES SIMBÓLICAS

O CÓMO LOS NOMBRES NOS HABLAN DE NUESTRO DESTINO

EL SENTIDO DEL NOMBRE Y SU ALCANCE IDENTITARIO

El nombre es un marcador de identidad que inscribe al niño en una trayectoria familiar. El nombre no es fruto del azar ni una preferencia fonética. El placer experimentado cuando se pronuncia ese nombre o haber conocido en la infancia a alguien agradable con ese mismo nombre, no basta para comprender los engranajes del inconsciente. Si el nombre Yvette nos atrae, nos interpela, es porque aparece en la memoria escondida de nuestro árbol, sin que lo sepamos, evoca un episodio antiguo. El nombre de pila designa una traza, recuerda algo de alguien, raramente es un nombre inaugural. Incluso teniendo en cuenta las modas, escoger uno, dos o tres nombres entre miles de ellos, revela alguna cosa. La decodificación del nombre reserva siempre muchas sorpresas.

Según la costumbre, el nombre puede provenir de un ancestro, del abuelo o del padre, puede ser el nombre de una artista muy admirada o de un héroe. La elección de una identidad concreta encarna, en ocasiones, la falta de un hermano en la fratría; en ese caso, el niño que lleva el nombre de un hermano o hermana fallecido se denomina hermano de reemplazo o hermano de sucesión. Es esencial determinar los engranajes de este engrama en relación a su destino. La designación idéntica le confiere la obligación de realizar una misión ¡Menudo software! La causa de la repetición de su nombre puede deberse a un niño muerto al nacer (MN) o un bebé muerto a muy corta edad. Para los nombres muy próximos fonéticamente, como Juana, Juan, Juanjo, se trata de un par de niños. Hay que buscar una pareja de gemelos, perdidos de vista, debe buscarse en el árbol.

NOMBRE HEREDADO DE UN ANTECESOR

Lo cierto es que la elección del nombre obedece a una moda histórica; al mismo tiempo, responde a una tradición familiar, incluyendo las costumbres de cada país. Françoise Héritier, antropóloga, expone en su libro *Masculin-Féminin*: «De este modo el niño se ve encerrado en una serie de determinismos y es inscrito en una línea de descendencia, un *continuum* y el componente de un ancestro particular revive en dicho niño. En Francia, por ejemplo, la costumbre es ponerle a un bebé el nombre de uno de los abuelos o abuelas, del padrino, de la madrina, de un tío o tía. En el nacimiento se pronuncia el primer nombre, luego los siguientes si los hay. Los apodos y apelativos familiares también forman parte de la identidad del sujeto, así como los nombres que han sido cambiados a lo largo de la vida, llamados nombres de sustitución. Hay nombres muy repartidos en ciertas culturas, como María, Pedro, Juan, Luis o Pablo. Más allá de las estadísticas y de los estudios sociohistóricos, el nombre que se nos da es nuestro hilo conductor para captar el sentido de los mensajes transmitidos por nuestros ancestros.

A veces, cuando el nombre de la madre o del padre se repite sin saltarse una generación, se observa un abandono en el árbol; uno de los padres ha muerto: el niño suele llevar el nombre de su padre cuando éste muere antes del nacimiento. Si un padre desaparece sin dar señas nunca más, su hijo llevará consigo la memoria de la traición, lo cual no será fácil para él. Pero en la mayoría de los casos, este hecho atestigua un corte en una rama del árbol, de la dolorosa pérdida de un padre. La situación se resume así: ¡padre perdido, niño abandonado! La filiación no puede remontar río arriba. En lugar de una diversificación del árbol hay una producción. Se puede entender como un «nazco dos veces». El primer nacimiento propone un problema, la repetición explica un sufrimiento no expresado, falta una pieza del rompecabezas.

Angèle nació en el sur de España, en Almería. Cuando tuvo a su primera hija, decidió ponerle su mismo nombre. ¿Por qué lo hizo? ¿Qué pasó durante su propio nacimiento? Cuando llegó al mundo, su mamá murió de parto; el papá tenía ya cuatro hijos varones. Tras enviudar y con cuatro hijos a su cargo, no podía cuidar de ella. Dadas las circunstancias y la urgencia del caso, el padre entregó a la pequeña Angèle a una señora soltera y sin hijos, la señora Soto. Por el bien de todos, del padre, de la madre adoptiva y del bebé mismo, esta entrega se llevó a cabo en el más absoluto secreto. Así sucedió que la niña perdió toda pista sobre sus verdaderos padres. Al tocarle a ella ser madre, quiso reparar en su hija la falta de información que ella había sufrido y dejar en la niña una marca identitaria clara, llamándola como ella. ¡Estaba segura de que su hija nunca podría olvidarla! El apellido de su madre adoptiva también quedó impreso para siempre ya que la segunda hija de Angèle, Monique, se casó con un Soto, convirtiéndose así en la señora Soto. La información estaba bien transmitida. Monique parirá un hijo que llevará el apellido de la abuela adoptiva y será heredero de ésta.

Ponerle el nombre del padre o de la madre al hijo da diversas pistas para su interpretación. Según Elisabeth Horowitz, en el libro *Libérez-vous de votre destin*, esta elección expresa una problemática de posición. El niño que lleva el nombre del abuelo o de la abuela se ve sometido, es una forma de ponerlo a los pies de su progenitor/a, de controlarlo. Este complejo de poder y de territorio se pone de manifiesto a través de la serie de exhortaciones que no dejarán de surgir, así como prohibiciones y límites impuestos a la criatura. Imaginemos esta escena en la que le hablo a mi padre: «¡Come y calla!», «¡Estate quieto!», «¡Ya basta! ¿Te pego un bofetón?», «Mira que eres burro, eres un bestia, un cafre». El niño se encuentra investido de un reglamento muy severo sin posible regulación. ¡Está claro que no le hacemos ningún regalo! Cuando se castiga al niño o se le regaña, los padres ejercen su autoridad y, al mismo tiempo, someten a sus propios padres.

Otro problema resulta de que dos personas tengan el mismo nombre en casa, la situación es ambigua: ¿a quién se está hablando? Dos individuos son susceptibles de responder a una llamada y se acaba generando confusión de roles y de posiciones en el seno de la familia. No se trata de una cuestión de dominancia, porque el niño interior del padre es también un pequeño niñito herido. Llamando a su padre, pone una reclamación, su demanda implícita se traduce por la frase: «Necesito amor y reconocimiento, de atención, de ternura, de escucha, de dulzura, mis necesidades de niño no han sido satisfechas, me falta un padre protector y presente y me vengo en mis hijos». Así que pronunciando el nombre ya conocido, estamos nombrando el dolor de la ausencia paterna, el llanto del amor, la necesidad de calor humano, de palabras tiernas, de consuelo.

El niño que nace viene a colmar un vacío, podrá conocer angustias en soledad, incertidumbres en su camino vital y dudas ante la acción. Podrá dudar de sí mismo por falta de autoestima o de confianza. O al contrario, animado por un espíritu rebelde, podrá decidirse a luchar siempre, a tomar la delantera, a defender sus valores e intereses, a afirmar su identidad y no se conformará nunca con ser «otro que lleva tal nombre».

Si el nombre de un ancestro se conserva es por una razón de peso: la conservación de información. En genealogía, una persona no debe ser olvidada. Podemos remontarnos siglos atrás en busca de esa persona. Puede tratarse de una fuerte personalidad, de un patriarca que haya marcado intensamente el árbol, una matriarca poderosa, un hombre o una mujer muertos de imprevisto, un muerto accidental o una muerte violenta. ¿Cómo llevar a cabo el proceso de identificación?

La tabla comparativa de acontecimientos biográficos clave permite determinar si existe una identificación inconsciente. Basta con poner las fechas y edades de las bodas, nacimientos, enfermedades, cambios, decesos y otros episodios del ancestro y del consultante que quiere ocupar su propio sitio. La ley biológica de alternancia de nacimientos y muertes se formula así: «cuando llega un bebé, me voy». El ancestro se otorga el derecho a morir y dejar a los suyos porque sabe que el nuevo miembro de la familia, tanto si es de sexo femenino como masculino, ocupará la plaza vacante. Hay, pues, un digno sucesor trasladado a otro punto genealógico.

NOMBRE ESCONDIDO Y SALTO DEL DÍA DEL NACIMIENTO

El nacimiento de mi hija Orane estaba previsto para mediados de junio de 1998. Antoine, el bisabuelo de Orane, murió 15 días antes. Como por azar, Orane nació el día de san Antonio, el 13 de junio. El descubrimiento del santo que patrocinaba el día del nacimiento conduce a descubrir memorias escondidas. ¿Reemplazó Orane a su bisabuelo en el árbol genealógico? Así se designa una huella identitaria prenatal.

La consideración hagiográfica, la vida del santo en relación al nombre dado a un niño, permiten descubrir el sentido del recorrido familiar. Por ejemplo, santa Alicia hizo coronar a Hugo Capeto en el siglo XI. Mi abuela Alicia, que era modista, acabó haciendo sombreros. Tuvo una hija a la que llamó Huguette, su hijo se casó con otra Huguette y su hijo pequeño nació el 1 de abril, fiesta de san Hugo.

El estudio del nombre enriquece los conocimientos históricos y religiosos. Las leyendas sobre santos y santas aporta una nueva interpretación a nuestras trayectorias vitales.

NIÑO DE SUCESIÓN O NOMBRE YA EXISTENTE EN LA FRATRÍA

El nombre de un niño que nace muerto no suele escribirse en su tumba, como si nunca hubiera existido; sin embargo, su existencia cuenta a nivel inconsciente. Los descendientes pierden la pista de ese bebé, que ni siquiera ha nacido vivo o ha vivido muy poquito. ¿Qué indicadores genealógicos corroboran esta hipótesis? Tomemos como ejemplo el caso de Louis, el primer hijo, que nació muerto, deseado y esperado por Marius y Antoinette. Antoinette quedó embarazada seis veces después de Louis. El segundo parto fue una niña, a la que llamaron Louise, como deseo de devolverle la vida al primogénito muerto, aunque al ser una niña no reemplaza por completo a su hermano muerto, que era varón. Louise nunca pudo responder a las expectativas albergadas por su madre; murió a los pocos meses de vida a causa de una meningitis fulminante. Su muerte dejó a la pareja consternada. El tercer hijo no fue llamado Louis por miedo a que se muriera como sus hermanos predecesores, así que escogieron un nombre de sabor bíblico para ponerlo bajo la protección divina. Para ese tercer hijo, primero vivo, escogieron Joseph, nombre hebreo que lo colocaba bajo la protección católica, como si lo sagrado lo fuera a salvar de una muerte segura. Los dos partos siguientes fueron niñas y no permitían a Antoinette encontrar consuelo por la pérdida de su primer hijo, fruto del amor de su matrimonio con Paul.

Hubo que esperar al nacimiento de un séptimo hijo, que fue varón, para que le pusieran el nombre de Louis. El bucle nefasto se paró ahí y el pequeño de la fratría heredó plenamente el nombre de su hermano mayor; como vemos, el duelo por el primogénito nunca se hizo. El menor fue portador de esperanzas, de los programas vitales 1 y 2 y le resultó muy difícil encontrar su lugar, su auténtica identidad individual. Nunca se arriesgará a decepcionar a sus padres y después será un devoto esposo que colmará a su esposa de atenciones.

EL NIÑO DE REEMPLAZO

El niño de reemplazo nace después de sus hermanos o hermanas muertos al nacer, muertos en el vientre materno o muertos a los pocos meses o con pocos años. Los reemplaza porque viene a ocupar el vacío que el hermano dejó en el seno de la familia y aún más si le ponen el mismo nombre. Un niño de este tipo tiene dificultades para vivir bien su propia vida, con esa mezcla de identificaciones inconscientes, por razones que la psicogenealogía intenta aún descubrir y descifrar con sus consultantes. Un niño de reemplazo lleva la muerte dentro del útero en el que crece desde el momento en que su madre lo gesta, pero ¿habrá un parto de este tipo? Hay que enterrar simbólicamente al niño precedente, ése es el objetivo de los ritos funerarios. La mayéutica o arte de parir a los espíritus, inventada por Sócrates, fue transmitida por Platón en su obra *La República*. El filósofo está prisionero en el mito de la Caverna, intenta escapar a sus cadenas, las cuales le impiden salir a ver la luz del sol, so pena de resultar deslumbrado. El conocimiento de las identificaciones inconscientes libera al consultante de las ataduras que le obstaculizan el camino, le abre expectativas inesperadas.

El papel de la descendencia, que nadie se lleve a engaño, es la conservación de la memoria familiar, la de los ancestros muertos. La descendencia tiene deberes morales para con ellos y debe cumplir simbólicamente con la resolución de duelos, para que las almas de los difuntos no molesten a los vivos y las almas en pena lleguen perfectamente al reino de los muertos. Cada uno debe estar en su lugar.

RANGO DE NACIMIENTO/POSICION EN LA FRATRÍA/LUGAR SIMBÓLICO

Es imposible, o muy difícil, invertir el rango de nacimiento, dado que el conteo de hijos revela si hay hijos ausentes: falsos embarazos, abortos, fetos muertos, recién nacidos muertos o bebés muertos. La transmisión de la memoria familiar sigue una lógica matemática que incluye hasta los que no aparecen en el libro de familia, concediéndoles una existencia real, por breve que haya sido. Para subrayar las posiciones reales y las simbólicas, expondré unos cuantos ejemplos.

La posición n.º 1
- «Soy el mayor».
- «Soy hijo único».
- «Soy el mayor de dos».
- «Soy el primer hijo vivo de mis padres, todo el que nació antes está muerto».
- «Mi madre me tuvo con gran dificultad; tuvo tres abortos antes de mí y soy su única hija».

La posición n.º 2
- «Soy el segundo de la fratría».
- «Soy el segundo de seis hermanos».
- «Soy hijo único porque mi hermano murió cuando yo tenía 10 años».
- «Soy el segundo de tres, tengo una hermana mayor y un hermano menor».
- «Soy el pequeño».
- «Soy la segunda hija de mi padre y la primera de mi madre. Tengo una medio-hermana por parte de padre».

La posición n.º 3
- «Soy el peque».
- «Soy el menor de todos».
- «Tengo tres hermanos pero mi madre me tuvo 15 años después, así que no fui educado con mis hermanos, sino como hijo único».
- Soy el tercero de una familia de 10 hermanos».
- «Soy el tercero de 4» (¾ = una proporción matemática).

- «He nacido en una familia recompuesta; mi madre tuvo dos hijos con mi padre pero mi padre, viudo de su anterior esposa, tenía ya una hija. Somos cuatro niños en casa: mi hermano y yo, mi medio hermana y nuestro nuevo hermano que nuestros padres adoptaron en Tahití después de mí. De no ser por él, yo sería el último».
- «Soy el patito feo de la familia».
- «Soy el último y mi madre no me esperaba (se quedó embarazada con 46 años)».

En el caso de las nuevas alianzas, la contabilidad se vuelve un tema delicado. ¿Soy un número entero (1, 2, 3...) o soy una fracción (el 2 de 3)? Un error en el recuento familiar en cuanto al rango de nacimiento puede comportar dificultades en las matemáticas y cambios de profesión diversos antes de encontrar la vocación, así como dificultades para encontrar el camino correcto en la vida y la verdadera posición en las fratrías de los árboles genealógicos. ¿Qué puesto debo ocupar a nivel profesional? ¿Un puesto directivo, siendo el n.º 1 o un empleo como subalterno? Estas contradicciones internas son fuente de discordia. Entre los 40 y los 45 años de vida, se puede cambiar de rumbo siguiendo un proceso de renovación, de crecimiento biológico. La mejor opción es optar por una cifra y mantenerse en la elección.

CAUSAS DEL FRACASO ESCOLAR Y DE LA REPETICIÓN DE CURSOS

Cuando un niño no se integra en su posición de nacimiento, o sus padres en el rango de fratría, no siempre supera el problema. Puede que repita cursos, como por ejemplo 5.º de primaria, o 6.º, o 1.º o 2.º. Un adolescente con fracaso escolar, si llega a comprender que la causa de sus repeticiones es un mal conteo en la fratría, dejará de repetir. Cuando esto ocurre, el descubrimiento es tan sorprendente como emotivo. He tenido consultas de jovencitas que habían doblado su peso para expresar que son víctimas de un mal recuento en su árbol genealógico. Cuando la filiación no es evidente, el individuo expresará su dificultad de posicionamiento de diversas maneras:

— «Mi madre me tuvo y no vinieron ni hermanos ni hermanas, ella nunca se casó con mi padre porque éste se desentendió de mí. En realidad me crio mi abuela materna. A mi padre lo conocí con veinte años y me dijo «si quieres hacerte musulmán te introduciré en la mezquita». Así, el consultante entró a formar parte de una secta, que se convirtió en su verdadera familia, y abandonó a su mujer cuando ésta tuvo un hijo. El no reconocimiento del padre, si se vive desde la depresión, y el rechazo de la madre, engendran dudas en el camino a seguir en la edad adulta. Una mentira o un secreto sobre el padre ausente –sobre la filiación– puede conducir a los jóvenes a dudar sobre su orientación profesional tras el bachillerato.

Julien se pregunta sobre el camino a seguir tas el bachillerato y lo explica así:

— «Mi padre no es mi verdadero padre. Como siempre lo sospeché se lo pregunté directamente a mi madre, pero ella dice que nunca ha conocido a otro hombre». Esa mujer pudo estar muy enamorada de otro hombre, soñar con él sin tenerlo nunca. La filiación no se hunde sólo en las raíces de la sexualidad biológica fecunda: saber de dónde venimos requiere la búsqueda de información. En qué hombre está pensando una mujer, en el momento del acto sexual, cuando se produce la chispa de la concepción? No siempre es el marido o compañero, ¡otro hombre idealizado puede estar presente! El efecto se verifica cuando el consultante cambia a menudo de oficio, sin continuidad aparente, con grandes rupturas entre una cosa y otra. Podría tratarse de un delirio o de una fijación infantil –teorías familiares de Freud–, pero la verdad es que hay que investigar para saber si existió algún amor secreto de la madre, sea un hombre o sea algún ascendente que hubiera tenido un hijo natural, un hijo adulterino. Esos secretos familiares suelen estar muy bien guardados. Cuando se plantean las preguntas adecuadas, las respuestas salen casi sin querer. El peso del secreto se levanta y se abren las puertas del maravilloso jardín del porvenir. El sujeto puede situarse por fin.

La migración puede causar dificultades de lenguaje y ortofonía que pueden saltarse una generación, sobre todo en los cambios de consonantes y vocales, así como identidades cambiadas a causa de la supervivencia, como pasa con las guerras. Para ello véase el capítulo sobre la migración.

UN NOMBRE NUEVO EN LA FAMILIA

Un nombre no se encuentra en el árbol. Este hecho es raro e incita a lanzar hipótesis varias. ¿Cuál es el origen del nombre? ¿Qué razones llevaron a escogerlo? ¿Dónde está el secreto de familia? Quizás uno de los progenitores escogió el nombre porque era el de un amante, es lo que yo llamo apadrinamiento amoroso y siempre conlleva un secreto a callar.

PRIMER CASO: ELECCIÓN DEL NOMBRE EN FUNCIÓN DE UNA RELACIÓN AMOROSA

Ludovic es el primer hijo de Christine y Fernand. Su madre insistió mucho en ese nombre. De hecho, fue el primer chico del que se enamoró y al que no ha podido olvidar a pesar del tiempo. El padre no está al corriente de esta antigua historia. Pero ¿quién es el pequeño Ludovic? Durante la adolescencia o más tarde, podrá vivir una crisis identitaria y buscar el misterio de su filiación. Lo han confundido con el enamorado de su madre. Y ésta formará, inconscientemente, una pareja madre-hijo con Ludovic, manteniéndolo en la generación precedente, no en la que le correspondería. Podemos suponer que a Christine le hubiese gustado tener un hijo con su amor de toda la vida, transmitiéndole el nombre paterno al hijo y colma su deseo de maternidad no satisfecho. ¡No le ha hecho ningún bien a su hijo!

La elección del nombre de Ludovic revela una relación amorosa madre-hijo. El Ludovic amante no se comprometió, pero ella lo sigue amando, mucho más que a su propio marido. La psicogenealogía revelará una causa antecedente, un hijo perdido más arriba, en el árbol. La elección de ese nombre compensará una pérdida afectiva no resuelta.

La elección del nombre tiene que ver con la forma en que una pareja se imagina a su hijo. El niño es investido de un lugar, la del hijo soñado, imaginado, deseado, en ocasiones con otra pareja. En su juventud, Germaine conoció a René; por diferentes razones, se separaron sin tener hijos. Encinta de un nuevo compañero, se encontró con René y le preguntó cuál era su nombre de pila preferido. Éste dijo que le gustaba Martín. Germaine no dudó en llamar al hijo que esperaba Martín. Ese bebé recibió entonces el lugar correspondiente al bebé siempre deseado y nunca concebido en una historia de amor precedente. La elección del nombre puede enviar al bebé a dos o tres generaciones más arriba. La decodificación no siempre es evidente.

SEGUNDO CASO: RELACIÓN ADÚLTERA DURANTE LA UNIÓN OFICIAL

Cada vez que aparece un nombre extranjero en una familia, hay que buscar al extranjero que se esconde en el árbol. Fabiola es la única con un nombre extranjero en una fratría de siete. Dos generaciones más tarde, su nieta Annie se casa con un italiano y cabe pensar que la madre de Fabiola conoció a un extranjero, se enamoró de él y escogió ese nombre para dar testimonio de sus sentimientos. Veamos otra historia familiar: Jane tuvo diversas fracturas, entre ellas la del esternón. Había una mentira familiar por medio. Tras investigar, se supo que su padre biológico era un paracaidista inglés llamado Ian, que aterrizó en medio de la granja de la familia de Jane, mientras que su «supuesto padre» estaba en la guerra de 1939-1945. La nieta de Jane tendrá un hijo con un americano en 2001. La familia tiene una enorme tendencia a fracturarse huesos, particularmente las extremidades superiores (se trata de ascendentes situados arriba), accidentes de coche, bodas con extranjeros y oficios directamente relacionados con los secretos.

TERCER CASO: NOMBRE DESCONOCIDO EN EL ÁRBOL

A la pregunta «¿de dónde te has sacado ese nombre?», suele responderse que de un compañero de la escuela, al noviete de parvulario o a aquel amiguito o amiguita tan queridos de la infancia. Desde el punto de vista transgeneracional, esta explicación no es válida. Para Marc, que se enamoró de Sylvie, se trataba de un niño muerto, más arriba en el árbol, que se intentó resucitar (devolver a la vida «S'il vit =Syl-vie) en esta generación.

La elección de la alianza se produce también en relación a un nombre que nos recuerda algo, en este caso a la pérdida de un bebé inocente. La investigación nos orienta hacia un bebé muerto, eternamente echado de menos.

EL SIMBOLISMO DE LOS NOMBRES BÍBLICOS

Mi primera escuela, en Argelia, estaba en El Biar, un barrio de Argel; mis padres vivían y mi madre era maestra allí. Esta escuela privada se llamaba La Sagrada Familia. Habituada a este nombre, no caí en la cuenta de lo que significaba hasta que fui mayor: la Sagrada Familia se componía de María, José y Jesús. La devoción popular por la Sagrada Familia apareció hacia el año 1600, al mismo tiempo que se popularizaba la tríada «Jesús – María – José». ¿Mi interés por los nombres bíblicos proviene de esa influencia religiosa?

La elección de un nombre bíblico, más que cualquier otra denominación, determina nuestro destino haciéndonos entrar en una historia mitológica de carácter sagrado. Las historias genealógicas de la Biblia encauzan nuestro camino y nuestra programación vital. Esta pista para reflexionar aclara mucho sobre la herencia de ciertas personas. La decodificación de mensajes constitutivos de la identidad permite circunscribir mejor el campo de acción. En efecto, nuestro nombre está cargado de información y debemos estar en consonancia con las expectativas que se ponen en él. ¿Estaremos a la altura de las esperanzas de los antepasados? Las personas que llevan nombre de origen hebreo suelen llevar el nombre de Dios en sus etimologías, están bajo el sello de lo divino, de lo religioso. La elección de un nombre bíblico es testigo de una fe o una cultura católica, judía o protestante.

En la Biblia hay dos grupos especiales de mujeres: las estériles y las vírgenes. Para las primeras, la bendición divina les concede el nacimiento de un hijo milagrosamente concebido. Estas matriarcas son: Sara, Rebeca, Raquel, Lea y Elisabeth, las cuales engendran respectivamente a Isaac, Jacob, Benjamín, José y Samuel. En la cultura judía –particularmente en tiempos antiguos– el nacimiento de un varón era preferible al de una niña. La razón era que los varones perpetúan el patronímico y heredaban los valores de los patriarcas. Las personas que llevan estos nombres pueden experimentar dificultades conyugales, sexuales, dado que su identidad declina valores ideales sagrados. Los ascendentes transmiten deberes, exigencias y mucho rigor.

A diferencia de las mujeres estériles, María pertenece al de mujeres vírgenes. Ella misma provenía de un linaje de mujeres estériles, su madre, Ana, rezó mucho para conseguir un hijo y así concibió a María sin pecado, de origen divino, por lo tanto. Prometida a José, quedó embarazada de Jesús por obra y gracia del Espíritu Santo. Simultáneamente, Isabel concebía a Juan el Bautista, primo de Jesús. Tras la visita anunciadora del arcángel Gabriel, José asumirá la paternidad social de Jesús, para no comprometer seriamente a María, y se casará con ella. Jesús puede considerarse concebido por filiación divina, reconocido por su padre adoptivo durante su gestación en el vientre materno.

El dogma de la Inmaculada Concepción data de 1854 y su fiesta se celebra el 8 de diciembre. Gracias a la bula papal, la fiesta mariana celebra la pureza de la Virgen María, intacta de toda mácula y del pecado original de la carne. Comparando las fechas de concepción, nacimiento, boda o fallecimiento, el estudio genealógico aporta fechas significativas, por ejemplo las de las celebraciones marianas:

- 2 de febrero: Purificación
- 11 de febrero: Aparición de María (1907)
- 25 de marzo: Anunciación
- Mayo: mes de María
- 15 de agosto: Ascensión. La Ascensión da fe de la muerte y resurrección de la virgen.
- 22 de agosto: Fiesta del Sagrado Corazón de María, desde 1944 (Fátima)
- 8 de septiembre: Natividad de María
- 11 de octubre: Maternidad de María (desde 1931)

¿Cómo proceder para calcular las fechas? Se trata de encontrar correspondencias. Mi abuela Alice, una mujer piadosa y devota, murió el 15 de agosto: ¡el mismo día en que María ascendió a los cielos! Un nacimiento el día 15 de mayo esconde una concepción aproximadamente el 15 de agosto.

Para las mujeres muy devotas y estrechamente unidas al culto mariano, puede darse una seria contradicción: conciliar el mito ideal de virginidad y pureza con la vida plena de una mujer normal, con su sexualidad y su vida de pareja. Este desafío suele ser inconsciente hasta el momento en que la búsqueda genealógica lo saque a la luz. Las Marías, consagradas a su origen divino, son novias eternas. Subrayemos el carácter apologético de las dos formas de concepción divina: la maternidad de la mujer estéril y la de la mujer virgen.

Escoger un nombre bíblico demuestra una cultura bíblica, fidelidad a la religión, afirmación de la fe o deseo de demostrar un sometimiento moral. Sin embargo, las cosas no son tan claras siempre, es posible que la fe haya estado severamente amenazada en algún punto del árbol. Quizás la familia tuvo que hacer frente a un peligro importante como la pérdida de bienes o personas, catástrofes naturales, efectos desastrosos de la revocación del edicto de Nantes, la noche de san Bartolomé. El nombre bíblico protege al niño de una muerte segura cuando algunos de sus hermanos mayores murió antes que él. Tras el fallecimiento del primogénito, Isidore decidió llamar a su segundo hijo Joseph. Así el niño quedaba bajo la protección de Dios. El miedo a perder su segundo hijo indujo a esta creencia: «Si llamo a mi hijo José lo estaré salvando». En el árbol genealógico encontramos bebés muertos al nacer, abortos y niños pequeños que mueren.

NOMBRES EN RELACIÓN CON DIOS O SINÓNIMOS DE PROTECCIÓN DIVINA

Miguel: Similar a Dios
Samuel: Dios es su nombre
Daniel: Juez de Dios
Dionisio: Hijo de Dios
Doroteo: Regalo de Dios
Elías: Dios
Elisa, Elisabeth, Elsa: Juramento a Dios
Emma, Manuel: Dios está con nosotros
Jacobo, Jaime: Con ayuda de Dios
Juan: Dios es misericordioso
Joel: Dios es el único Dios
Teo, Teófilo: Amor a Dios

FORMAS DIVERSAS DE LOS NOMBRES

Abel y Caín: Conflicto entre hermanos.

Adela, Alicia, Eugenio, Lina: Alguna persona de la familia es de origen noble. Puede ser el padre biológico de alguien, que no quiso reconocer a su hijo. Esos nombres perpetúan una memoria antigua.

Adán/Eva: Primeros padres de la humanidad, según el Génesis.

Ángel/Ángela/Angélica/Angelines: No tiene los pies en la tierra. Además, los que escriben su nombre con 2 «l» (como dos alas), explicitan dificultad para echar raíces y la eterna añoranza por una persona que no se merecía morir: como no era su hora, se convirtió en ángel.

Ana: Madre y hermana de María.

Blanca, Cecilia, Clara: Reparar los problemas de la vista, sobre todo cuando en la familia alguien se quedó ciego.

Camilo (etimológicamente «hombre joven»), **Carlota, Carolina:** Viril. Si una niña lleva un nombre así, que significa «viril», habrá que preguntarse si sus padres querían tener un hijo varón o bien a quién está reemplazando en su árbol.

Clemente/Clementina: Clemencia, perdón. Alguien implora la clemencia divina por algún pecado o injusticia. El niño llevará consigo el peso del pecado materno, por ejemplo, cuando se comete una infidelidad con resultado de embarazo. Cabe preguntarse de quién es el niño o a quién salva. Se prevén riesgos de depresión o de tendencias suicidas (por ejemplo con deportes de riesgo extremo) para salir del callejón sin salida. ¿Cuál fue el pecado o la falta cometida en ese árbol?

Cristian/Cristina/Cristiano: Designa a un niño sacrificado.

Claudio: Tullido. Persona en la familia con un handicap notable.

Eloísa: Historia de una verdadera pasión que acabó en el convento. Abelardo, amante más mayor que Eloísa, será castrado por orden del tío canónigo. Descubiertos sus amores, sólo la religión podía salvarlos de una muerte segura. Se sometieron a un juicio de Dios y así quedaron.

Fabio: Buscar relación con los accidentes de coche. El nombre lleva implícito el mensaje «haz bien lo que yo no conseguí o no acabé de hacer».

Felipe, Hipólito: Nombre relacionado con los caballos: A Felipe le gustaban e Hipólito los domaba. Debe buscarse la relación con los caballos en el árbol. Quién ha hecho equitación o entrenaba caballos o tenía algún tipo de pasión por ellos. Se puede ampliar la pasión a otros medios de transporte (coche, tren, avión), profesiones relacionadas con la ingeniería o la medicina (o veterinarios).

Francisco, Francis, Paco, Paca: (del latín «persona libre»)

1) En ocasiones se trata de una deuda familiar con Francia, por motivos de emigración. Un niño puede llevar ese nombre en agradecimiento al país o como recuerdo a la patria francesa abandonada. Puede llevar el deseo de integración o de recuerdo.

2) Hágase una encuesta familiar. ¿Hubo algún acontecimiento importante durante la guerra?

3) Buscar el extranjero –persona o país– que se esconde tras ese nombre.

4) Precisar si hay alguna relación con los reyes de Francia, fechas y hechos en correspondencia.

Gabriel (La fuerza de Dios): Ángel de la anunciación, anuncio de una concepción antes de tiempo. Gabriel, junto con Rafael y Miguel, son arcángeles.

Galo: Extranjero.

Gil, Gilberto: Descendente de alta cuna. La familia puede haber perdido su estatus y recuerda, con este nombre, el lugar alto que un día ocupó.

Helena: Mitología griega. Helena fue una heroína griega casada con Menelao, rey de Esparta, a la que el troyano Paris secuestró, y fue la causa de la guerra de Troya narrada en *La Ilíada*. Tendrá relaciones sexuales con Paris, Teseo y Aquiles.

Jacobo: Pareja de la fratría hermano/hermana. Jacobo, creyendo haberse esposado con la hermosa y seductora Raquel, se encontró en el lecho nupcial con Lea, violada por su suegro la noche de bodas. Acabó por casarse con la otra tras esperar 7 x 2 = 14 años. Raquel perpetuará el linaje de mujeres estériles, a pesar de que le dio a Jacob dos hijos: José (el n.º 11) y **Benjamín** (el n.º 12), llamados hijos de la vejez.

José: Según la Biblia, José tuvo dos padres: Elí y Jacob. ¿Cómo es esto posible? Elí murió sin descendencia y su hermano, Jacob, tuvo que casarse con la viuda, siguiendo la costumbre del levirato. Según esa costumbre, el primogénito habido con la viuda será considerado hijo legítimo del hermano muerto. Así, podemos considerar que José implica la llegada de nuevos niños a la familia. Su festividad anuncia el nacimiento de una bebé. Quien lleva ese nombre puede tener dificultades con la paternidad o transferencia de paternidades en el seno de la familia. José se casa con María y hace de padre de Jesús, sin haberlo engendrado, igual que Elí tuvo a su hijo José después de muerto. Un José puede asumir la paternidad social de otros hombres, puede asumir paternidades tardías, puede ser fiel a dos padres diferentes.

Juan Bautista/Salomé: Mitología bíblica. A Juan el Bautista le cortaron la cabeza por orden del rey Herodes al acabar un banquete. Salomé, hija de la concubina de Herodes, pidió a su padre que le regalara la cabeza del Bautista, servida en una bandeja de plata. Hay que buscar la relación entre el corte de cabezas y las rupturas intrafamiliares (por ejemplo, dificultades de comunicación entre padres e hijos).

Julio, Julia, Julián, Juliana, Julieta: Ruptura de lazos en el árbol. Hay que buscar en la familia historias de uniones, bodas o amantes que no llegaron a consumarse o que debieron mantenerse en secreto.

Laura, Laureano (etimológicamente «laurel»).

Manuel: La profecía de Isaías anunció que María tendría un varón que se llamaría Emmanuel, perteneciente al linaje del rey David. Hay que buscar la equivalencia simbólica con el Mesías.

María, Miriam, Marieta, Mireia: «La gota de mar».

María Magdalena: Toma su nombre de Magdala, cerca del lago Tiberíades. Al servicio de Jesús, estuvo al lado de la cruz acompañando a María y la hermana de ésta, María de Clopas. Magdalena encontró la tumba vacía de Jesús, fue la primera en verlo resucitado y en anunciar la buena nueva a los apóstoles.

Marta: Hermana de Lázaro y de María Betania. Según una leyenda del siglo XII, Marta desembarcó con Lázaro y María Magdalena en Camargue, librando a la región de un monstruo: La Tarasque.

Moisés: Niño expuesto en una cesta y abandonado a su destino en el río Nilo. Encontrado y criado por una hija del faraón. Un niño pobre y abandonado consigue un destino brillante al ser adoptado por unos padres de clase superior.

Mónica: «Mono significa 'sola'». Hay que buscar en el árbol una mujer soltera o un hijo único.

Natalia, Natasha: Natalidad, en relación con el nacimiento de Cristo.

Natasha es la versión rusa. En ese caso hay que buscar la relación con una persona o país extranjeros.

Nicoleta, Nicolás, Víctor, Victoria, Vicky, Victorino: La victoria y el pueblo. En el árbol genealógico debe haber algún muerto de guerra, posiblemente en la Primera o la Segunda Guerra Mundial. La victoria también puede significar un ser querido añorado, perdido y, paradójicamente, el carácter de resolución de conflictos si no del inicio de otros nuevos y, sobre todo, encarna un duelo no vivido. Cada vez que el consultante esté a punto de conseguir su objetivo, creará una situación de fracaso como prueba de fidelidad a su fantasma identitario. Habría que hacer un ritual para tener éxito en los objetivos.

Noel, Natividad: Nacimiento de Jesús, relación con Cristo. El niño está protegido, a veces incluso nace en Navidad. Comporta también la noción de sacrificio. El Cristo no se casa, no funda una familia. Los que llevan ese nombre pueden experimentar dificultades conyugales y familiares. Cuando el nombre es compuesto (María Natividad) encarna la pareja madre-hijo (María y su hijo el Cristo).

Octavio: Significa octavo. Busca un niño en el árbol, que ocupe una octava posición al que le ocurriera alguna desgracia.

Odette (riqueza): Llamar a una hija Odette significa que se tienen problemas financieros, expolio de herencias, pérdida de bienes... Los padres quieren poner a su hija a salvo de la indigencia.

Pascual (el pasaje): Nombre inspirado en las fiestas de la Pascua. Moisés negocia con el faraón el éxodo del pueblo judío y, ante su negativa, anuncia la decimoprimera plaga de Egipto. El pueblo hebreo dejará el país del Nilo y atravesará el mar Rojo para llegar a la tierra prometida. En la vida de los Pascuales, deberemos tener en cuenta este aspecto legendario de la travesía por el mar Rojo, la transición entre la partida y la llegada. Buscar también la relación con barcos, con el mar y con los viajes.

Patricia: Dan fe de un origen noble que se ha perdido o ha sido ya olvidado.

Quinto: El quinto hijo.

Renato, Anastasia: Renacido o nacida por segunda vez.

Sara (princesa): Esposa de Abraham. Sara era una mujer estéril. Siguiendo la costumbre, su criada egipcia Agar tuvo que darle un heredero al amo y quedó en estado. Sara, muerta de celos, abandonó a la criada embarazada en el desierto, aunque luego se arrepintió. Agar trajo al mundo a Ismael. Ya vieja, Sara quedó embarazada y parió a Isaac («él ríe»), que luego será padre de los gemelos Esaú y Jacob. Jacob es considerado como el fundador de las 12 tribus de Israel, mientras que las tribus de Arabia salen de Ismael.

Silvano, Silvia (procedente del bosque): Se espera a alguien que no viene o que fallece, que llega y se va pronto o que no llega a venir.

Tristán /Isolda: Pasión amorosa que acaba mal. Qué triste que dos amantes sorteen todo tipo de obstáculos para estar juntos y les salga todo mal. Exilio, perdido en la montaña. Filtro de amor. Se recomienda leer el libro poético de Pierre Dalle Nogare titulado *Tristán e Isolda*.

Valetín, Valentina, Valeria, Eloísa: Este nombre identifica a una persona que pasa por una larga y penosa enfermedad. Buscar el enfermo en el árbol.

Vicente: Comporta la idea de sangre, de filiación por la sangre. «No soy de la misma sangre». Se trata de una filiación que presenta problemas. ¿Quién es realmente el padre o la madre? Quizás el padre no sea el biológico. Vicente es concebido para unir dos líneas que no están juntas.

Nombres de reyes y reinas: Isabel, María Luisa, Catalina, Carlos, Felipe, Fernando...

Muchos árboles genealógicos tienen una herencia bíblica a través de sus nombres. Es importante explicar, a los descendientes de esos ancestros, la historia y el origen de sus nombres. Por ejemplo, un hombre que se llame Pascual debe saber que su nombre tiene que ver con una tradición muy antigua. En su origen, la Pascua era una fiesta judía en relación con el equinoccio de primavera (del 22 de marzo al 25 de abril), en la que los pastores nómadas sacrificaban un cordero para asegurar la prosperidad del rebaño y la supervivencia del grupo. Después, la Pascua fue una fiesta agrícola con la que los campesinos aspiraban a obtener una mejor cosecha. La Pascua conmemora el sacrificio de primicias o de primogénitos. Pascua deriva del hebreo *pâsakh* = saltar, «saltarse las casas de los judíos» y celebra el éxodo desde Egipto y la liberación de los hebreos gracias a

Moisés. Yahvé castigó a los egipcios, en su décima plaga, con la muerte súbita de todos los primogénitos varones. Sólo se libraron los hebreos cuyas puertas estaban marcadas con la sangre de los corderos sacrificados. El nombre de Pascual, pues, recuerda al primogénito sacrificado, a la liberación de los hebreos, al paso por el mar Rojo, a la supervivencia, al cruce del Sinaí y al descubrimiento de las tablas de los diez mandamientos de la ley de Dios. Uno de mis pacientes, llamado Pascual vivía en un barco llamado Utopía, y no tenía amarre fijo. El pueblo hebreo erró por el desierto durante años en busca de la tierra prometida, no todos llegaron y muchos murieron por el camino. La Pascua también celebra la tradición de la muerte y la resurrección de Cristo.

LA INFLUENCIA DEL NOMBRE EN LA HISTORIA DE MARÍA

María, una mujer de 48 años, vino a mi consulta. Tenía un problema de comunicación con su hija Nadine, la cual se fue a vivir a las Antillas y tenía un bebé de dos años, «la pequeña Salomé». Le pregunté a María si había algún Juan Bautista en la familia, pero respondió sin dudar: «No». Tras la verificación documental, descubrimos que el padre de María (abuelo de Nadine y bisabuelo de Salomé) estaba inscrito como Jean Baptiste, a pesar de que nadie lo llamó así nunca y fue simplemente Jean. El meollo del problema empezó con la falta de comunicación entre Jean y su hija María. El conflicto se reactivó con el nacimiento de la pequeña Salomé. A través de su hija y de su nieta, María pasa cuentas con su padre. ¿De qué modo? Veamos la mitología. En efecto, Salomé obtuvo la cabeza de Juan el Bautista, por lo tanto, la pequeña Salomé sería la encargada de cortarle la cabeza al hombre fuerte de la familia, al patriarca. El método simbólico deja aparecer muchas dificultades, a través del tiempo, con nuestros propios hijos. Salomé obtuvo la cabeza del Bautista porque éste no quiso aceptar sus proposiciones amorosas. La decapitación ilustra la castración sexual.

El conocimiento de la vida de un santo, de un personaje célebre, de la heroína de una leyenda, del protagonista de una película famosa, puede llegar a precisar, en ocasiones, la trayectoria de una vida. Por ejemplo, santa Genoveva, mártir cristiana, patrona de París, cuya fiesta se celebra el

3 de enero, fue una virgen perseguida y victoriosa. Falsamente acusada de adulterio, fue condenada a muerte. La abandonaron en el bosque con su bebé y, años más tarde, fue reconocida como inocente. Su historia figura en *La légende dorée* de Jacques de Voragine, siglo XIII.

Mi sobrina se llama Marcelline Champagnat. Hojeando una enciclopedia, encontré pistas de un Marcellin Champagnat (1789-1841). Este hombre fundó los Frères Maristes des Écoles, congregación de maestros seglares dependientes de los Pères de Marie de 1836 a 1852. La mamá de Marcelline, mi hermana, formaba parte de Les Petits Frères. En el árbol genealógico, desde 1870 y en la línea paterna, todos son maestros, profesión que pasa de padres a hijos.

SIMBOLISMO DE LOS NOMBRES BÍBLICOS APLICADO A LOS NOMBRES COMPUESTOS

Ana María: Pareja simbólica madre-hija.

Mariana: Pareja simbólica hija-madre.

María Cristina: Pareja simbólica de madre-hijo fusionados. Problemas con el padre.

María José: Pareja sagrada eterna. Ideal del amor que triunfa y salva obstáculos.

María Natividad: Doble protección para la niña. Puede pensarse en cortes en el árbol. Culto rendido a la Navidad. Memoria de la fe, sufrimiento en el árbol. La Navidad recuerda alianzas mixtas, los católicos se unen con los protestantes y con los judíos e incluso con personas de otras religiones. Pero la traición se respira en el aire.

SENTIDO DEL NOMBRE COMPUESTO

María de las Mercedes, María Dolores, Blanca Nieves, Juan Francisco, Juan Pedro, José Antonio, Juan José y tantos otros nombres compuestos, destilan una doble identidad un «dos en uno». Escoger un nombre de estas características esconde una separación en la fratría: un hermano y una hermana, dos hermanas o dos hermanos, que fueron separados, criados por personas diferentes. Esta ruptura de lazos fraternales se traduce, más tarde, por nombres compuestos entre los descendientes. Es una forma de unir dos miembros que estuvieron forzados a separarse. La separación seguramente engendró tristeza y sufrimiento. Los nombres compuestos femeninos conciernen a dos hermanas, los compuestos masculinos a dos hermanos y los nombres compuestos mixtos conciernen a hermano y hermana. Por ejemplo, Marie-Claude odiaba su nombre, prefería que la llamaran Marie o Claude, por separado. La causa de su disgusto se encontraba más arriba en su árbol, donde un hermano y una hermana fueron separados. Cuando lo supo, la herida se abrió de nuevo, pero no se curó. ¿Quién era María? María era su abuela materna y Claude su hermano, por tanto su tío abuelo. Efectivamente, estos niños fueron separados. Cuando conoció la historia, Marie-Claude lloró mucho y experimentó un fuerte apego identitario con este antiguo problema.

En los casos de nombres compuestos femeninos:

1. Dos hermanas fueron separadas.
2. Una madre deseaba una hijo pero sólo parió varones.
3. Una madre tiene una hija pero la pierde y no consigue reemplazarla.
4. Una hija tiene que hacer de madre en una familia.

Las causas de la separación se desprenden de marchas precoces (entre los 3, 4 y 5 años) o más tarde. A menudo eran separados por una enfermedad, por el deceso de uno o ambos progenitores, por un trabajo que impide a los padres criar a los hijos o por otras razones personales que obligaban a los padres a mandar a sus hijos a internados en escuelas pías o dispersados con familiares en el medio rural. Estos niños sufren intensamente la lejanía de sus padres y hermanos. Generalmente, el sentimiento de abandono es el más destacado, salvo cuando el niño encuentra afecto y seguridad por parte de alguien concreto del internado o de la familia con la que tenga que vivir. Los niños se dejan con la promesa de volver a recogerlos. Los hermanos que quedan dentro del hogar albergan grandes complejos de culpabilidad.

La boda de la hermana mayor, la segunda mamá, en una fratría numerosa o no, suele vivirse por parte de los más pequeños como un auténtico abandono, mucho más intenso cuando la madre ha muerto y la presencia de la hermana mayor los había protegido.

NOMBRE COMPUESTO CON APELLIDO FORMADO POR UN NOMBRE DE PILA

Juan Pedro Clemente, José María Roberto, Juana María Bartolomé, Luis Felipe Gil, María Dolores Simón.

La triple identidad conduce a preguntarse si se ha producido algún abandono en el árbol. ¿Se ha puesto un nombre ignorando cómo quedará con el apellido? La aportación simbólica, así como la búsqueda de las identificaciones masculina o femenina, nos indicarán el sentido de los nombres y la trayectoria vital que nos espera.

EL SENTIDO DEL NOMBRE MIXTO: IDENTIDAD MASCULINA/FEMENINA

Suele encarnar el deseo de los padres de haber tenido un hijo o una hija. La sonoridad es idéntica o difiere muy poco. Por ejemplo, Alex, Domi, Cris.[2] Las polaridades masculina/femenina interferirán, pudiendo suscitar conflictos identitarios. El niño no podrá satisfacer las expectativas de su padre o madre en su totalidad y acabará por ponerse enfermo o cambiando completamente su estilo de vida. Los síntomas hablarán por él. Tomemos el ejemplo de Pierrette, nombre clasificado entre los mixtos. Pierrette esconde un Pierre. ¿Quién es ese Pierre? El abuelo de Pierrette, el padre de su madre, y además su padrino. En el momento en que la madre de Pierrette escoge al abuelo como padrino, es que intenta acercarlos entre sí. La verdad es que al ponerle ese nombre a su hija, está diciendo: «papá, mírame, reconóceme, quiéreme». Así, Pierrette se ve inmersa en una postura difícil; el orden generacional se invierte. Cada vez que su madre la llama, en realidad, está diciendo «papá». Deduje que el padre de esa mujer fue un padre ausente: en efecto, no estuvo presente para el nacimiento de su hija, del mismo modo que el padre de Pierrette tampoco lo estuvo cuando nació su hija. La hipótesis se confirma. Pierrette nació el 29 de marzo de 1942, durante la Segunda Guerra Mundial: es una niña de la guerra. ¿Qué estaba haciendo su padre? Estaba movilizado, como confirmó la comadrona cuando na-

---

2. En castellano dichas confusiones sólo suelen darse en diminutivos familiares. No así en francés, donde Michel y Michelle, por ejemplo, se pronuncian exactamente igual. *(N. de la T.)*

ció la niña. Sin embargo, la mamá de Pierrette esperaba que su marido pudiese llegar al parto y se sintió decepcionada al ver que no llegaba. La madre de Pierrette necesitó a su padre y no lo tuvo, necesitó a su marido y tampoco lo tuvo; escogió parir una hija en tiempos de guerra, justo cuando los hombres están fuera.

Concebida durante un permiso –(¿de qué)– la decepción estará inscrita en el programa vital de Pierrette: tu padre no está, tu abuelo tampoco estuvo, tu colmarás mis carencias y llevarás a tu abuelo Pierre en ti, hija mía. Pierrette se vio así investida de una influencia masculina. Declara: «Afortunadamente pude salir adelante gracias a mi carácter». En efecto, nada más salir del vientre materno, hizo gala del mismo carácter que su abuelo: ¡duro como una piedra! La consecuencia será que los proyectos personales de Pierrette se verán a menudo en suspenso. Todo son obstáculos para su realización. Parece que acaba por renunciar y se desanima: «ahora ya es demasiado tarde». Esa frasecita anodina es justo lo que sentía su madre. La falta de un «papá bueno» sigue haciéndose notar.

Encontrar el santo del día detrás de la fecha de nacimiento y, a veces, el santo patrón del día de la concepción. Pierrette fue concebida aproximadamente el día 29 de junio de 1941: justo el día de san Pedro y san Pablo. Hemos encontrado al Pedro, pero ¿y el Pablo? Pablo era el hermano de la madre, esto es, es tío de Pierrette, que murió a los 41 años en un accidente doméstico de lo más tonto: se cayó por las escaleras y se partió la cabeza. Un drama. Conviene percibir la fecha de concepción de Pierrette con la edad del tío al morir: 1941 y 41 años. Pierrette tuvo una hermana menor llamada Paule, que murió a los seis meses. «Nunca la conocí», precisa. Pierrette tenía 18 meses cuando murió su hermana Paule. ¿Qué sintió la mamá de Pierrette al perder a su bebé? La pena de la madre fue inmensa: había perdido por segunda vez a su hermano Paul. No quiso tener más hijos. La pequeña Paule no fue enterrada en el sentido que no se hizo el conveniente duelo por ella. Así, su fantasma seguirá martirizando generaciones venideras.

Pierrette no tuvo hijas. Lleva consigo el fantasma de su hermana Paule. Inconscientemente piensa: «Si tengo una hija se morirá», por lo tanto, mejor engendrar varones. Y para que no haya posibilidad de que a su hijo le pase nada malo, lo pone bajo la protección de Cristo: lo llamará Christophe, personaje legendario del siglo XI, un gigante que ayudaba a la gente a pasar un vado sobre sus espaldas. Patrón de los viajeros, se hizo popular como protector de los conductores de coche y camión (san Cristóbal). Llamándose Christophe, el niño no sólo está protegido, sino que se convierte en protector de su padre, el marido de Pierrette, que es un apasionado de los coches y los rallies. ¿Dónde está el padre, dónde está el hijo?

Para liberarse de la influencia identitaria, se puede escribir una carta a nuestro hijo imaginario:

Mi querido niño:

Te imagino con los ojos azules como el mar, con el pelo rizado y la boquita en forma de corazón; te gusta moverte y demuestras una gran vivacidad, nunca te cansas de manifestar tu presencia para llamar mi atención. Te veo como un bebé único en el mundo al que me gusta acariciar y tener entre mis brazos. Ya das señas de ser todo un personaje y manifiestas tus enfados rotundamente.

Tu madre, que te quiere,
Josiane

Josiane tuvo una hija llamada Frédérique. Nació morena, con el pelo lacio y los ojos negros; además era tranquila y muy dócil. Todo lo contrario que el hijo soñado por Josiane.

Josiane tenía dos hijos más por lo tanto Frédérique no podía ser hija única (como era su deseo). El hijo deseado y soñado por un padre o una madre no tiene por qué corresponder con el niño real, de carne y hueso, que viene al mundo. La confrontación de ambas imágenes aclara muchos problemas de identidad, a través de la aceptación de las diferencias.

CAPÍTULO IV

LOS NIÑOS ABANDONADOS

Me apasionan las historias de niños abandonados porque forman parte de mi herencia genealógica, de las experiencias familiares transmitidas. He trabajado con niños refugiados asiáticos, en Lozère, donde escribimos un libro inventado para ellos, que se titulaba *Les enfants perdus*. Dado que mi árbol contiene bastantes casos de niños abandonados, mi hija Aurelia ha perpetuado el deseo de reparación siguiendo un curso humanitario para ocuparse de los niños de la calle.

¿El niño abandonado es un niño perdido, encontrado, dado? La imaginación se vuelve muy fértil a la hora de regalarnos ilustraciones de pequeños miserables, vagabundos que mendigan por un trocito de pan, representaciones de angelitos inocentes que han perdido a sus padres y cuya corta edad los incapacita para encontrarlos. La historia de Pulgarcito, de Charles Perrault, nos transmite la esperanza en un desenlace feliz y perfecto, pero la realidad es muy diferente. El niño abandonado queda marcado por el sello de la tragedia: Edipo, Moisés o Cosette, la inolvidable heroína de Víctor Hugo. Cuántos dramas hablan de la profunda tristeza que anida en el corazón, donde se despierta el sentimiento de rebeldía, de injusticia, bajo la forma de «¿por qué yo?». El niño abandonado, ¿no es un niño sacrificado? Mi abuela materna fue una niña abandonada, mi bisabuela paterna también. Sus madres tuvieron diferentes motivos. La primera madre murió de parto cuando nacía Elisa y la pequeña fue entregada a una señora soltera del entorno. Esa señora se convirtió así en mi bisabuela, a la que llegué a conocer. Guardó el secreto hasta que mi abuela la interrogó porque escuchó, de bocas siempre bien intencionadas, por supuesto, cosas como «Tu madre no es tu madre». Estas frases anodinas, lanzadas sin intención de hacer daño en momentos precisos, como fiestas, cumpleaños, Navidad, grandes reuniones familiares o entierros, cuando se espera un bebé, germinan como semillas híbridas, a la vez fértiles y devastadoras:

- «Tu madre no es tu madre».
- «Tu padre no es tu padre».
- «Tu hermana no es tu hermana».
- «Tu abuela no es tu abuela».

Dichas expresiones hacen sufrir pero provocan, no obstante, limpiezas en el árbol genealógico y propician la eclosión de la verdad. La revelación de un secreto de familia es como un latigazo que sacude la vida del consultante.

Mi tatarabuela era asistenta del hogar en el sur de España ¿qué pasó con su jefe, el que le daba el empleo? Escenario típico, por lo demás, ella acabó embarazada y no podía quedarse con el bebé. El aborto clandestino en un país profundamente católico y en el año catapún no podía ni siquiera contemplarse. La pobre mujer tuvo que cambiar de continente y se fue a África, a ese bello país llamado Argelia, a casa de unos primos lejanos. No volvió a ver a su hija hasta que ésta, ya mayor, la buscó en vano, como tantos y tantos niños perdidos, abandonados por amor, confiados a parientes o a gente de confianza que acaban perdiendo las pistas de sus padres biológicos. Supo lo que era la vergüenza y se la transmitió a su propia hija, la cual nunca quiso enseñar su libro de familia en el que, seguramente, aparecía la mención «nacida de padre desconocido». Tras el parto en el extranjero, mi tatarabuela volvió a España. ¿Olvidó su aventura o los remordimientos le impidieron vivir mínimamente feliz? Su supervivencia dependía de que la perdonaran a través del amor. Necesitaba que entendieran que hizo lo que hizo por amor; quería darle alguna oportunidad a su hija. El apellido de los padres adoptivos recordaba el sol de España, su país de origen: BONILLA. Más tarde se casó con un hombre español apellidado DEL CASTILLO. Vivió en el seno de la comunidad española de Orán. Ante la ausencia de informaciones concretas, sólo dispuso de vagos recuerdos familiares. Cuando empecé a sumergirme en mi genealogía descubrí ese secreto tan bien guardado.

CAUSAS DEL ABANDONO

Puede ser que una persona haya sido real y físicamente abandonada o puede que se trate de un abandono sentimental. El método en psicogenealogía considera los dos aspectos:

1. MUERTE DE LOS PADRES

El niño es abandonado porque su (o sus) padre (padres) han muerto antes de que sea autónomo. Por ejemplo, la madre muere de parto, dejando al recién nacido en una situación indefensa. ¿Quién cuidará de él? El abandono de la madre muerta añada una doble programación al bebé: «Mi madre está muerta por mi culpa, yo soy la causa de su muerte súbita». El trabajo de reconstrucción atacará al sentimiento de culpabilidad, lo suficientemente potente como para fastidiar la vida afectiva de un individuo, obligándolo a sacrificarse para pagar la falta que se cree haber cometido. Si es el padre quien muere, ¿qué pasará con la familia? Puede que la familia se quede sin recursos y tenga que hacer frente a la adversidad. ¿Quién cubrirá sus necesidades en la época de transición? ¿Qué miembros de la familia extensa podrán hacerse cargo de los niños, ayudarán a la viuda materialmente y les aportarán sostén moral?

2. NIÑO ABANDONADO AL NACER O DURANTE LA INFANCIA

Al nacer, el bebé es expuesto por sus padres en la calle, a las puertas de una iglesia o un hospital, en un convento, confiado a una institución de carácter social, a otras personas de la familia o a padres adoptivos, siguiendo los pasos dictados por la institucionalidad o no. El abandono puede producirse a cualquier edad y sea como sea, el niño sufrirá; si no recibe palabras de afecto y mucho cariño para curar las heridas de su pequeña alma, la secuelas se reproducirán durante varias generaciones. El sentimiento de abandono, en razón de su naturaleza vivaz, resiste a las tentativas de olvido y resurge en los momentos más inesperados, durante las separaciones, ya sean divorcios o fallecimientos. El niño interior llora, es desgraciado, está angustiado y se desata el pánico.

El caso de Armelle: la depresión posparto

Armelle es una joven y guapa criolla que se puso en contacto conmigo para superar una depresión posparto. Asumió perfectamente la llegada de su primer hijo, un varón, pero tras el parto de su hija, la segunda, se sintió como muerta, sin energía, incapaz por completo de cuidar de sus dos hijos y trabajar. Le confió la niña a su madre, mientras que el marido se ocupaba del niño pero, aun así, ella no pudo seguir con su trabajo como secretaria ni cuidar de las labores domésticas. Armelle, en consecuencia, se vio paralizada por una larga enfermedad invisible que duraba ya dos años; necesitaba comprender qué le pasaba para salir de ese pozo oscuro.

Le pregunté: «¿Cómo fue tu nacimiento, el parto de tu madre?». La respuesta reiterada fue «bien». En la segunda visita explicó que se había enterado de que su madre había muerto. De hecho, su madre fue declarada muerta tras el parto y su cuerpo fue conducido a la morgue. Un funcionario vio al cadáver moverse y, gracias a él, la mujer fue reintegrada al mundo de los vivos dos días después. Mi paciente, pues, fue realmente abandonada al nacer y revivió el trauma al parir a su hija, doblegada por un sentimiento de culpabilidad: «Si mi madre está muerta es por mi culpa, mi nacimiento la ha matado». El abandono de la madre muerta implanta una doble programación mental en el bebé: por una parte «la culpa es mía» y por otra la nefasta creencia en la posibilidad de morir: «si tengo una hija, moriré».

La depresión marca siempre la identificación con un fantasma del pasado, en este caso con su madre. Inicialmente, la reaparición de la muerte se percibió como otro duro golpe. Su madre volvió realmente de entre los muertos, pero ¿volvió realmente ella o ya era otra mujer, una especie de zombi, un alma errante entre los vivos? Los cuidados terapéuticos la liberaron de esta cadena inútil y el peso de la culpabilidad dio paso al derecho a vivir plenamente: «No es culpa mía si mi madre murió cuando yo nací, le entrego a mi madre lo que le pertenece, me deshago de mi lealtad invisible y ahora voy a vivir mi propia vida». La depresión está ya curada: dos semanas más tarde la paciente recuperó su empleo, sus hijos y se reafirmó en su diferencia.

Los casos de depresión posparto o tras el destete pueden ser el origen de historias de abandono durante la infancia: una madre que muere de parto, hermanos que mueren al nacer o cuando son aún bebés. La creencia en una especie de maldición relacionada con los nacimientos de un niño o de una niña, el miedo a una maternidad fatal no son más que los efectos de la ley de las repeticiones.

3. SENTIMIENTO DE ABANDONO DEL NIÑO DEBIDO A UNA SEPARACIÓN

El niño puede sentirse abandonado porque, desde su nacimientos mismo, es confiado a los abuelos, a los tíos, a cualquier miembro de la familia o a otras personas. El bebé vive, desde una edad muy temprana, una serie de rupturas en lugar de estar viviendo un *continuum* con su madre o con su nodriza. Las preguntas que nos permitirán encontrar el hilo y seguirlo son: «¿Dónde dormías? ¿Veías a tus padres? ¿Cuándo? ¿En qué circunstancias, en qué ambiente, en qué contexto se desarrollaban las visitas? ¿Qué sentías cuando llegaban? ¿Qué parecían sentir tus padres?¿Quién crees que te rechazaba, el padre, la madre, otros familiares del entorno?». Si un hermano o hermana son concebidos durante el período de ausencia, el sentimiento de abandono se acentúa, aunque no de manera consciente ni expresada. Ese sentimiento se reactiva durante cualquier separación del individuo afectado. La ruptura de lazos afectivos en la primera infancia (de 0 a 3 años) sume al sujeto en la angustia y en el abismo del abandono.

4. EL MALTRATO DE UN NIÑO

Este aspecto ha sido objeto de numerosas publicaciones, como las de Alice Miller.

5. EL NO RECONOCIMIENTO DEL PADRE BIOLÓGICO

El niño puede sentirse abandonado desde su concepción, considerándola como una especie de nacimiento moral, aunque no se trate de un abandono físico. La palabra justa sería «reconocimiento». El padre infame que se niega a reconocer a su hijo biológico depende, él también, de un linaje paterno anómalo. En cierta ocasión, un padre me comentaba, respecto de su compañera embarazada: «No es mío, ese bebé no es mi hijo». Esa negativa a la concepción expresa un problema inconsciente en relación con la paternidad y explicita todo el sufrimiento de su árbol genealógico: su abuelo paterno murió al nacer su hija, que fue la madre del consultante. La superstición que se ancló en su mente decía: «El nacimiento de un hijo me matará». Probablemente, sufrió una depresión infantil que lo llevó a rechazar a su madre, en lealtad a su abuelo materno. El mismo esquema de abandono puede producirse por parte de la madre, en lo que yo llamo negación de la paternidad.

CAPÍTULO V

PROGRAMACIÓN VITAL, ESQUEMAS DE IDENTIFICACIÓN, CONTRIBUCIONES AL NACIMIENTO

«Los niños cumplen el proyecto secreto de sus padres. Pero, los padres, naturalmente, no lo comprenden así y lo que quieren es que sus hijos hagan realidad sus sueños, aunque nunca quieran reconocerlo».

F. VIGOROUX (*abuelo fallecido*)

Heredamos cualidades, valores, rasgos físicos, morales y sociales de nuestros ancestros; dicha herencia facilita nuestra inmersión en la cultura de origen. Las experiencias contribuyen a nuestro posicionamiento en el interior del grupo social, haciendo que nos resulten familiares los mismos signos de reconocimiento, haciéndonos aceptar ciertas reglas y códigos relacionales. Esos valores forman un sistema axiológico que nos arraiga pero, en ocasiones, la herencia nos bloquea, nos impide avanzar, nos sabotea. Este patrimonio, como tantos otros pequeños legados que fructifican en el día a día, define el programa vital o el esquema de identificación. La repetición de ciertas fórmulas negativas socava la capacidad de actuar y de afirmarse a uno mismo, atacando directamente a la autoestima.

EXPRESIONES Y SABOTAJES DEL DESTINO

SABOTAJE DE LOS LAZOS AFECTIVOS CON EL PROGRAMA: «QUÉDATE SOLTERO»

La elección del celibato obedece a una transmisión transgeneracional dictada por parte de la madre o del padre:

- «Más vale solo que mal acompañado».
- «Todos los hombres son unos cabrones».
- «Todas las mujeres son unas golfas».
- «El matrimonio es una cárcel, es como ponerse la soga al cuello».

La interpretación de un fuerte apego de un hijo hacia su madre, de la hija hacia su padre, no basta en psicoterapia para explicar este esquema de comportamiento. En efecto, si nos remontamos en el árbol encontraremos pistas antiguas, donde el sabotaje emocional puede remontarse a los bisabuelos o a ancestros aún más antiguos. No es raro descubrir la causa de esta elección un siglo atrás, la fecha del centenario aclara la problemática de manera sorprendente. Hay otras exhortaciones verbales que tendrán peso en la vida del consultante.

SABOTAJE DE LA MADUREZ CON EL PROGRAMA «NO CREZCAS»

Este programa vital está relacionado con posiciones altas o bajas en el clan. Un miembro de la familia tiene la necesidad de ejercer su dominio y mantiene al resto en un estatus inferior por falta de confianza en sí mismo y de verdadera autoridad. Normalmente, son los niños los que lo sufren. Una humillación o la falta de un padre suelen ser el origen de esta empresa abusiva. La función del padre es la de separar al niño de su madre, favorece la eclosión de la burbuja simbiótica de los primeros meses y años de vida del bebé, el padre invita al niño a descubrir el mundo. Sin embargo, algunos padres no pueden asumir ese papel, ellos mismos se ven retenidos por la tela de araña materna. En el fondo no son más que niños grandes, eternos adolescentes, imitadores de Peter Pan. Este problema paterno es el resultado de un padre ausente más arriba en el tiempo, un hombre que murió o que abandonó a la madre de sus hijos cuando los pequeños eran dependientes o un padre que reniega y no reconoce a sus hijos. Puede suceder que se case con otra mujer e ignore a los hijos habidos con su anterior compañera, lo que provoca un sentimiento de abandono; también hay padres que, sencillamente, desaparecen sin dejar pistas, para siempre. El sabotaje en la infancia aparece como una amputación que implica la pérdida de un miembro de la familia. Así, la maduración afectiva no tiene lugar en favor del niño, en vistas a su desarrollo como adulto. ¿Qué fórmulas orientan este escenario?

- «No intentes dominarme», sé humilde y mantén una posición inferior en relación a tus propias cualidades, a tus competencias, a tus capacidades.
- «No ganes mucho dinero o lo vas a pagar» si consigues más éxito y más ganancias que yo.

Esta inducción suscita un impedimento para disfrutar del propio dinero como queremos. La persona se siente obligada a mantener una lealtad con sus ancestros, a los que probablemente les faltó el dinero, sufrieron carencias económicas, pobreza e incluso miseria. El consultante está exhortado a ganar poco dinero: «¡Si ganas mucho nos estarás ofendiendo!». El paciente acaba sufriendo una neurosis de clase, de fracaso. Sin saberlo, crea situaciones de riesgo considerables, donde se producirá la bancarrota con facilidad, donde perderá lo poco que haya ganado y siempre acabe volviendo al punto de partida. Los procedimientos judiciales y el recurso a la justicia van de la mano con esta situación catastrófica, como forma de suicidio financiero. La obligación de pagar es debida a la transgresión de la posición de base.

Las parcas insuflaron, en la concepción, la idea de quedarse en un puesto simple, a pasar por la vida sin hacer ruido, a tener miedo a saber la verdad sobre un embarazo o una filiación ilegítima. La verdadera razón de este derroche hay que buscarla en un episodio antiguo, en alguna cuestión sexual, por ejemplo una jovencita embarazada en la familia. La desgracia cae sobre la portadora del escándalo, que será desterrada o escondida, siempre carcomida por la culpabilidad y la vergüenza. Hay mentiras que sirven para sobrevivir, así suelen ser los secretos de familia. Una fatalidad significa la expulsión del estatus social, encontrarse al borde del abismo, arruinado, teniendo que asumir una posición netamente inferior.

- «No subas en la jerarquía y conténtate con un puesto sencillo donde no brilles ni hagas sombra a nadie».

Esta expresión reiterada en el tiempo, influye en la toma de decisiones y significa: contén tus ambiciones y quédate en el lugar que se te ha asignado, aunque no te guste, no molestes, no reclames, no aspires a nada. La guinda de este pastel es la dificultad para subir peldaños en la vida; este tema se convierte en un arduo trabajo. Si el consultante se presenta a concursos, oposita o compite de cualquier modo, tiene muchas oportunidades de fracasar. Como el individuo se siente entre la espada y la pared en su carrera profesional, la única salida posible a su conflicto interno será enfermar.

Para comprender los sabotajes de posición, voy a poner unos cuantos ejemplos de mujeres.

«Las mujeres no están hechas para trabajar. Lo suyo es quedarse en casa haciendo empanadillas y criando niños».

Por tradición, las mujeres se quedaban en casa, eran las guardianas del hogar y se ocupaban de los hijos. Si en un árbol genealógico encontramos demasiadas mujeres que, incluso en el siglo XX, se quedaban en casa y no trabajaban fuera, será difícil para sus descendientes salir de ese bucle y realizar sus ambiciones profesionales. Se encontrará con todo tipo de limitaciones para su espíritu emprendedor. El bucle genealógico aborta la innovación. La mujer será siempre mantenida en una situación de dependencia y se impedirá su autonomía financiera. Las frases que se pronuncien en casa serán también obstáculos en el camino del éxito.

SABOTAJE DE LA INFANCIA CON EL PROGRAMA «CRECE PRONTO»

La infancia paternizada

El escenario «crece pronto» pone en escena a un niño investido de atributos paternos frente a uno o dos progenitores inmaduros aún, los cuales necesitan protección moral. El desequilibrio se produce porque la situación educativa da la vuelta. El niño se ve colocado en esta situación desde el momento de su concepción, de manera que obedece al programa que han establecido para él y pierde una parte de su infancia, de su adolescencia, cargando con sus padres a pesar de su ignorancia, perdiéndose juegos de infancia y espontaneidad. La verdad es que se trata de infancias robadas. Este gran sacrificio mantiene en pie una burbuja donde los protagonistas dependen los unos de los otros. Toda tentativa de liberación hace caer la pirámide genealógica. La pregunta que debe hacerse el consultante es: «¿Qué es lo que quiero para mí?».

SABOTAJE EN RELACIÓN CON LOS SECRETOS DE FAMILIA, LA CRUZ QUE CARGA CADA CUAL

Las frases repetidas a los niños, a los adolescentes, con intenciones castradoras, expresan la imposibilidad familiar para sobrellevar un problema interno, a menudo un tabú. El sentimiento de vergüenza suele estar en el origen del secreto, por ejemplo, se dice, inconscientemente, que el secreto tiene que ver con enfermedades mentales, internamientos en psiquiátricos o asilos, mediante exhortaciones como:

- «Acabarás en un manicomio».
- «¿Quieres volverte loca?».

El miedo a la contaminación psíquica tiene que ver, también, con las enfermedades de transmisión sexual, llamadas vergonzosas (como la sífilis, el herpes o el sida), con las patologías ginecológicas en el caso de la mujer (salpingitis, esterilidad, infecciones y hongos muy repetitivos) y en los adúlteros mentiras reiteradas. Los amantes y las queridas cuentan mucho, no siempre son conocidos pero la psicogenealogía los sacará a la luz, los sacará de la cama, del armario o de donde quiera que los escondan. Y es que estas historias siempre se somatizan, el cuerpo habla donde las palabras callan.

Las enfermedades graves también son objeto de secretos y mentiras, el cáncer sigue siendo mal vivido por mucha gente, igual que pasa con la tuberculosis. A veces se miente sobre la auténtica naturaleza de la muerte y la leyenda familiar se transmite hasta el día en que el consultante está preparado para oír la verdad. El sentimiento de vergüenza concierne también a los casos de suicidio. Pueden transmitirse incluso huellas físicas, por ejemplo en el caso de los ahorcados, cuyos descendientes pueden sufrir inexplicables problemas cervicales, hombros caídos y malas posturas, incluso complicaciones dentales. El miedo al suicidio puede atormentar a varias generaciones. Una de las razones viene del dogma católico: los suicidas no tienen derecho a ser enterrados en campo santo, así que se mentía en cuanto a la forma en que murieron o se les enterraba de noche, sin duelo ni asistentes. Es interesante buscar la marca del lenguaje corporal, la relación con la noche, el secretismo: tener un trabajo oscuro, encerrado, escondido, indica fidelidad al muerto por suicidio.

Otra situación de secretismo que implica la pérdida de dignidad de un antepasado, se transmite verbalmente así:

- «Acabarás mendigando, como tu padre».
- «Tanto callejear, acabarás viviendo en la calle».

El sentimiento de humillación comporta una falta de respeto a la humanidad. La degradación, en circunstancias particulares –como en tiempos de guerra– repercute ciertamente en los descendientes. Por ejemplo, hombres queridos en la familia son metidos en la cárcel, llevados a campos de concentración, fusilados con deshonor por desobedecer una orden, por acusaciones a veces infundadas, por deserciones o por simpatizar de algún modo con el enemigo. Las heridas morales, las privaciones, engendran defectos físicos en los pies, en piernas, en articulaciones e intervenciones quirúrgicas dolorosas en los descendientes. En las familias de hombres fusilados de la guerra de 1914-1918, se constatan operaciones de rodilla cuya cicatrización tarda y supura, ¡es fácil comprender por qué! La rehabilitación de un fusilado no se hace en un día.

El sentimiento de mancha experimentado por las mujeres violadas o de quienes se ha abusado sexualmente como en el caso del incesto, de la violencia física, de los chantajes morales, afectan a su feminidad, la capacidad para confiar en otras personas, y dichas mujeres viven consagradas a huir de la intimidad, sin muchas posibilidades de fundar una pareja estable. Se trata de una repetición inconsciente. El mérito de la psicogenealogía consiste en clausurar esas lealtades invisibles y parasitarias, porque los sentimientos negativos en acción constituyen una verdadera y pesada cruz que se acarrea por dentro, en nuestra programación vital. Otros escenarios influyen también en nuestro destino.

EL ESCENARIO SUICIDA

La exhortación «aprovecha la vida al máximo, busca sensaciones fuertes y desafía la vida» tiene por origen la angustia frente a la muerte y el conflicto vivido según una doble polaridad vida/muerte.

De esencia suicida, encontramos los efectos de este programa en la gente que se une voluntariamente a la Legión Extranjera, en los que practican asiduamente deportes de riesgo como el paracaidismo, el parapente, el salto libre, la escalada libre y todos los deportes que implican mucha velocidad, como las carreras de coches, los rallies, el motociclismo o el esquí extremo. Los aventureros que viven desafiando peligros serios han heredado este tipo de programación.

El caso de Bernard

Bernard, de 40 años, cayó en una depresión tras el nacimiento de su hija; él deseaba tener ese bebé, así que no comprendía qué era lo que le pasaba. Al principio, los síntomas eran fisiológicos, tenía calambres en las piernas, insomnio y la necesidad de huir del ámbito familiar. Su gran pasión era el surf extremo, se fue a vivir en la playa, cerca de las olas y se organizaba la vida para practicar siempre que le fuera posible. ¿Qué descubrimos en su árbol?

A la misma edad, 40 años, su abuelo paterno, Gustave, murió repentinamente en África subsahariana, de una enfermedad fulminante. Acababa de tener una hija pero su esposa, enferma también, tuvo que volver a la metrópolis con el bebé. Así que se encontró solo, aislado, lejos de su familia y amigos. Bernard no hacía más que demostrar una fidelidad inconsciente a su antepasado. Como su abuelo, estuvo siempre soltero hasta que a los 39 años quiso tener una hija. Sin embargo, Bernard se ponía a sí mismo en riesgo de muerte y ésa es la razón de su depresión: si muere se identificará con su abuelo hasta las últimas consecuencias, pero si no muere sufrirá el síndrome del superviviente. Su culpabilidad inconsciente ensombrece su vida. Aunque Bernard no hubiese tenido ningún hijo, la depresión habría aparecido igualmente, pero ese escenario no respondería a las expectativas de la madre del consultante.

De todas formas, Bernard tiene un cepo en su vida, está dentro del programa de «escenario límite» en el que uno quema su vida y vive al límite. En su programa, el tiempo está contado y vive a base de prórrogas. Es un viva la vida que quiere aprovecharla al máximo, que se levanta a las seis de la mañana para ser el primero en entrar al mar, se vuelve loco buscando sensaciones fuertes. En el origen de su hiperactividad, notó una angustia terrible por la idea de morir, heredada de su historia familiar. Su problema de insomnio tenía que ver con el miedo a morir por la noche, pero nadie se daba cuenta de ello, mientras él se mantenía despierto, vigilando que la muerte llegara. Su agitación perpetua acabó por agotar a su entorno. Moviéndose sin parar, Bernard desafiaba su destino.

La psicogenealogía representa un excelente método para levantar el velo de la culpabilidad en la neurosis de la supervivencia, devuelve el derecho a ser feliz, de tomarse tiempo para uno mismo, para tejer lazos perdurables, para comprometerse en proyectos a largo plazo: fundar una familia, comprar una casa, hacer fructificar el patrimonio, echar raíces en un sitio.

SABOTAJE DE LA CONFIANZA EN LOS DEMÁS

«Desconfía de la gente», «No te fíes de nadie».
«No cuentes con la ayuda de nadie».
«Móntatelo solo, mejor».
«Si dejas que te hagan favores, los vas a pagar con sangre».

Las personas que hablan así no sabrán delegar, creerán que hacen más méritos siendo autosuficientes, aun haciendo sacrificios personales. Este escenario comporta una dimensión financiera: la alusión indirecta a cuentas familiares no resueltas. Por ejemplo, en caso de divorcio, la pensión alimenticia no fue nunca pagada y, en su momento, esa reivindicación no fue expresada, de manera que la herida perdura en el tiempo. Otra razón de sabotaje es una herencia mal repartida. Un heredero ausente durante la distribución de las partes no pudo defender sus derechos y luego tiene que aguantarse con lo que le queda. El sentimiento de rencor, de injusticia, de traición, todo el resentimiento contenido, son causas de dificultad para pedir ayuda a nadie, para abrir su corazón a los demás.

«Trabaja duro para conseguir tus metas».

«Ahorra siempre todo lo que puedas».

«No te des ni un respiro, perderás el tiempo».

«Lo único importante en la vida es el trabajo».

«Si trabajas duro, podrás con todo».

«Si yo las he pasado canutas, tú también las pasarás».

El valor del trabajo es la tónica dominante, la vida es trabajo y no cuenta nada más, aunque sea un trabajo penoso, denigrante, laborioso y agotador. El patrimonio de estas familias se basa en la moral religiosa, en la penuria, la miseria, la pobreza, son familias afectadas por situaciones extremas donde hubo que dejarlo todo para poder trabajar, como por ejemplo una migración. La filosofía del trabajo se enseña desde que nace un miembro y se convierte en un precepto de vida, en un estilo de vida cuyo eslogan sería «vive para trabajar». Hay una deuda que pagar. La elección de la profesión sería objeto de un estudio aparte, no obstante expondré un ejemplo concreto: el de las personas muy deseosas de trabajar por su cuenta. Algunas de estas personas nunca llegan a dar el paso, no se atreven a lanzarse y a cortar con la tradición de trabajar para otros. En esa gente, el estudio de la historia familiar revela una neurosis de clase.

«No asciendas demasiado porque tú perteneces a una clase inferior y si triunfas mucho dejarás de ser el hijo de tu padre».

Los lazos afectivos con el padre retienen a estas personas, las hacen prisioneras, no pueden hacer nada sin traspasar los límites de lo prohibido, sin ser desleales. Es el caso, por ejemplo, de los artesanos, de personas que ejercen una profesión liberal, como los terapeutas o los directivos de empresa. Cuando los ancestros tienen que abandonar sus profesiones, sobre todo en el caso de operarios especializados (en mi familia eran curtidores), las generaciones siguientes optan por la función pública, por seguridad. Las tensiones interiores impiden la realización de uno mismo: ponerse a trabajar por cuenta propia es una forma de cortar con las deudas de los ancestros para vivir a su aire, con independencia, aceptar ganancias quizás superiores y disfrutar libremente del dinero. El sacrificio de la persona forma parte del programa vital transmitido.

Los árboles genealógicos actualizan programas vitales inconscientes. El destino no está escrito, podemos darles a los ancestros lo que se merecen, perdonarlos cuando sea necesario, integrar positivamente sus sentimientos negativos, todo para conseguir una vida más ventajosa para nosotros mismos. Los esquemas de comportamiento están influidos por nuestros antecesores, antes del nacimiento mismo, y nos sirven de modelos, de pistas. En ocasiones ocurre que la influencia llega a tal punto que se puede hablar de identificación, en la que una persona acaba desempeñando el papel de otra. «¡Pero si ni siquiera lo conocí!», se sorprenden los consultantes. Lo cierto es que no importa. La influencia de una persona de más edad se llama ascendencia. Puede incluso ser una forma de dominancia: el más fuerte, el más listo, se lleva la palma. Henri Laborit, en *L'Eloge de la fuite*, explicó cómo el deseo de llevarse la palma estaba presente en el seno de todas las relaciones humanas y, más particularmente, en el ámbito del amor. La imitación es algo que podemos hacer con alguien que está vivo, la identificación, por el contrario, atraviesa los siglos sin problema. Por otra parte, la persona que acaba desempeñando el rol de un antepasado lo ignora por completo. ¿Cómo puede darse cuenta de los efectos de la identificación?

La sola evocación del personaje con el que se identifica inconscientemente perturba, sume al paciente en una emoción viva; el salto en el tiempo conduce al descubrimiento de «ese otro» que habita en mí. Para el estudio de estos fenómenos de personalidades múltiples, recomiendo la lectura de los estudios de Alain Mijolla sobre las vidas del poeta-aventurero Arthur Rimbaud, en *Les visiteurs de moi*. Para que cada cual pueda trabajar sobre sus esquemas de identificación, propongo diferentes modelos de mujeres y hombres que pueden tener influencia en el árbol genealógico.

LOS PERSONAJES IDENTIFICATIVOS

MODELOS FEMENINOS

— La Diosa-Madre. La Diosa-Madre es la raíz secreta de todo devenir, de toda transformación, como dirá Viviane Thibaudier, analista junguiana. La Virgen María forma parte de este grupo, es una de las formas de la Diosa-Madre.

— Las bisabuelas y las tatarabuelas.
— Las abuelas.
— Las esposas del abuelo, después de haber quedado viudo o de haberse divorciado.
— Las novias del abuelo, o sus aventuras amorosas conocidas.
— Las amantes y queridas.
— La madre, la madrastra o la amante del padre.
— Las tías por ambas partes.
— Las hermanas mayores, las primas mayores, las hermanastras mayores.
— Las nodrizas, las nanis, las criadas, las institutrices o las vecinas muy próximas.
— Las suegras.

Subrayo la importancia de las uniones y los matrimonios anteriores o posteriores de un antecesor, a menudo desconocidos por los descendientes. Con frecuencia, la esposa que no es la madre de la línea del consultante es olvidada, se pierde su identidad; en ocasiones se la esconde deliberadamente como si de una intrusa se tratara. Sin embargo, esas mujeres cuentan mucho emocionalmente e incluirlas gráficamente es como rehabilitarlas. Algunas identificaciones deben buscarse donde ha habido amor, muchas amantes, queridas, segundas esposas y demás, también fueron madres de sustitución para los hijos de sus parejas y criaron los niños de otras mujeres, muertas o divorciadas o desaparecidas de algún modo. Entre los modelos de identificación, las hermanastras y las medio hermanas más mayores, no evocadas en el árbol, deben recuperar su puesto en la configuración familiar. Las madrinas también pueden desempeñar un papel protagonista en algunos casos e influir en sus ahijados de alguna manera. Hay, igualmente, otras figuras maternales, como las nodrizas que alimentaban a bebés de otras mujeres, mujeres siempre trabajadoras y solidarias. La búsqueda de información sobre el modo en que estas mujeres se ocuparon de los niños es imprescindible y ayuda al consultante a comprender el sufrimiento de la separación precoz, a poner palabras a su sentimiento de abandono, a comprender la elección de parejas concretas, las crisis de pareja predecibles y los fracasos afectivos. Los inconscientes se responden según un modelo de ida y vuelta, por eso nuestros problemas pasan a menudo a la pareja. Lo más corriente es que las uniones jueguen un papel de correspondencia o complementariedad, de acuerdo con las identificaciones.

MODELOS MASCULINOS

— Dios, el rey, el presidente, el sacerdote, el médico, el jefe.
— Los tatarabuelos.
— Los bisabuelos.
— Los abuelos.
— Los hombres de las abuelas: amantes, novios, amores idealizados, segundos esposos.
— El padre, el suegro o el compañero de la madre.
— Los tíos maternos y paternos.
— Los hermanos mayores, los primos mayores, los hermanastros y medio hermanos.
— Maridos, vecinos, amores escolares, los hijos de las nanis y los compañeros de la escuela.
— El padrino.
— El suegro o el consuegro.
— Los progenitores, los violadores y los abusadores fuera del ámbito familiar.

Los modelos femeninos o masculinos de la historia familiar y personal tienen un impacto considerable en los patrones de comportamiento. Las identificaciones revelan sufrimientos y carencias afectivas, el síndrome del fracaso, el sentimiento de abandono, la desvalorización, el sentimiento de desarraigo y de diferencia de clase. Las experiencias de los predecesores son registradas por nosotros y fundan la alteridad, la diferencia entre géneros. El análisis de comportamientos presentes permite descubrir las matrices organizadoras de nuestro psiquismo. Las madres reales se interiorizan y actúan como arquetipo materno o femenino. La madre de carne y hueso, la mamá, no es una madre perfecta e idealizada, tiene derecho a ser mejor o peor madre, incluso tiene el derecho a no querer a sus hijos.

Por el contrario, la madre imaginaria sí que es perfecta y puede corresponder a la madre real o ser su opuesta. La imagen de la madre deriva de arquetipos del inconsciente colectivo desde el origen de la humanidad. La originalidad del método psicogenealógico consiste en despegarse del modelo paterno para ampliar todas las posibilidades del inconsciente familiar.

TABLA DE BIOGRAFÍAS COMPARADAS

La programación vital puede estar en relación directa con un personaje del árbol que será la persona con la que el consultante se identifica, aun sin saberlo, pero también puede haber una mezcla de personajes. La biografía comparada permite situar con precisión los puntos de anclaje y de fijación de los acontecimientos clave. La tabla se basa en las edades comparadas o la traducción de años en edad, esto es:

1914 – 14 años
1939 – 39 años
1972 – 72 años

Esto se explica porque el inconsciente retiene un número –14, 39, 72– no necesariamente una fecha. Si un niño se entera de que «Hugo murió en el 14», posiblemente el niño retenga que «Hugo murió con 14 años». Para ilustrar mi tesis, voy a presentar una tabla comparativa de las edades de Louis y de su abuelo Jean, nacidos con 50 años de intervalo.

Esta cronología de edades, expuesta biográficamente, ayuda a comprender la lógica de la programación. Un episodio desgraciado, el vacío que deja un fallecimiento, puede ser sublimado por el nacimiento de un bebé deseado o, por el contrario, reproducir una nueva muerte. Un acontecimiento feliz en apariencia, mal vivido en el fondo, puede frenar el desarrollo y la expansión de la descendencia. La psicogenealogía destapa los matrimonios de conveniencia, los deberes conyugales, las alienaciones paternas. El panorama sinóptico demuestra que la segunda boda de Jean no fue deseada. El abuelo se sintió obligado a casarse porque, una vez viudo, no se vio capaz de criar a su hijo solo. No pudo confiárselo a su madre porque ésta había muerto cuando él tenía 12 años.

Revivió la dolorosa experiencia de encontrarse huérfano de madre en las carnes de su hijo y vivía atormentado por el sufrimiento antiguo y por

Biografía comparada

Abuelo JEAN nacido en 1904	Nieto JEAN-LOUIS nacido en 1954
• A los 16 años sufre un accidente de tractor.	• A los 16 años tiene un accidente de moto.
• A los 18 años se enamora, pero no se casa porque la novia muere de tuberculosis.	• A los 18 años se enamora de una chica que tiene cáncer y muere.
• A los 20 entra en la guerra de 1914-1918.	• A los 20 años entra en el ejército por 5 años.
• A los 25 años se casa con la abuela Marie, maestra de profesión.	• A los 25 años entra en la Escuela Republicana como profesor.
• A los 26 años es padre de un niño: Adrien.	• A los 26 años conoce a una mujer en el hospital, Odile, que acaba de parir un hijo y tiene problemas con su marido.
• A los 28 años su hijo tiene 2 años.	• A los 28 años se va a vivir con Odile, cuyo hijo –Julien– tiene 2 años.
• A los 35 años cambia de profesión y se va a vivir a París.	• A los 35 años abandona Marsella para irse a París.
• A los 36 años muere su esposa. El abuelo queda viudo y desconsolado.	• A los 36 años nace su hija Elodie, que reemplaza a la abuela Marie.
• A los 38 años se casa a la fuerza.	• A los 38 años se separa de Odile.
• A los 42 años nace su hija Rosette.	• A los 42 años aprueba las oposiciones de matemáticas.
• A los 60 años, tras un accidente, su hija queda en silla de ruedas.	• A los 60 años se fractura el sacro en una caída y queda inmovilizado por 1 año (tiempo que estuvo de baja).

el nuevo. Al haberse trasladado a París, no tenía familia cerca y no quería separarse de su hijo, mandándolo a vivir lejos con parientes. Jean sentía un fuerte apego por su hijo. Así, sólo encontró solución casándose de nuevo, aunque nunca amó a su segunda esposa.

Esta segunda unión no fue por amor, sino por necesidad, por deber y por sensatez. El indicador felicidad/infelicidad es el mismo que aparece, a idéntica edad, en su nieto Jean-Louis, separado a los 38 años. El nieto capta así el deseo secreto del abuelo, de permanecer fiel a su esposa después de la muerte. El abuelo vivió su segunda boda como una traición a su amada. Jean-Louis tuvo que romper su relación, con la pequeña Elodie por medio, para resarcir a su abuelo, para hacer lo que al abuelo le hubiese gustado hacer. ¡Fue un homenaje inconsciente!

El punto de anclaje biográfico obedece al síndrome del centenario, muy interesante desde el punto de vista heurístico. Por ejemplo, una persona nacida en 1956 puede preguntarse qué pasaba en su familia en el año 1856, o dos o tres siglos antes. Una de mis pacientes, Anne Catherine Jeanne, nacida el 3 de julio de 1933, pudo encontrar a una antepasada suya nacida el 3 de julio de 1633. Esa dama llevaba exactamente los mismos nombres y en el mismo orden. Tras este descubrimiento inesperado, la consultante quedó realmente conmovida porque una persona con la que podía identificarse mucho emergía desde las profundidades de la memoria familiar y le entregaba las llaves de su propia identidad. No hay límites temporales para la identificación familiar. Anne Catherine Jeanne concluyó que su búsqueda terminaba allí, porque había encontrado su personaje.

El niño es capaz de superar sus problemas pero no los de sus padres, sostenía el célebre pediatra Brazelton; añadiría que tampoco los de sus abuelos y demás antepasados.

EL CASO DE ERIC: DESPERTAR NOCTURNO Y FIDELIDAD AL ABUELO ALCOHÓLICO

Cuando animaba reuniones mientras vivía en la isla de Reunión, encontré muchos casos de niños que daban fe de llevar la huella de generaciones precedentes. Los casos de alcoholismo son frecuentes entre los hombres de Reunión. Ésta es la historia de Eric, un niño de 18 meses acompañado por sus padres, preocupados por su salud y sus problemas con el sueño. El pequeño se despertaba a menudo por las noches, reclamando agua y llorando desconsoladamente; los padres le daban biberones de agua porque el niño estaba realmente sediento. El clima tropical, cálido y húmedo de la isla favorecía la transpiración. A mi pregunta «¿Quién bebe?», la madre, Myriam, reaccionó con sorpresa. Precisé un poco más: «¿Quién bebe en la familia, aparte del niño?». Tras un tiempo de silencio, la madre dudó un instante y respondió: «Mi padre, pero no veo la relación porque murió antes de que naciera el bebé, nunca se conocieron» (a menudo esos parientes mueren durante el embarazo del bebé afectado). «¿Quién se despierta por las noches?». Myriam continuó: «Yo, de pequeña. Mi padre llegaba borracho muchas noches, gritando y buscando a mi madre, le pegaba y yo me interponía para protegerla. Tenía miedo que ocurriese una desgracia que afectara a mi madre o a mis hermanos, que él cogiera la escopeta y se liara a tiros. Al final fue eso lo que ocurrió».

¿Por qué Eric bebía por las noches? Era una forma de fidelidad a su abuelo materno, mostraba el mismo síntoma y así respondía al deseo inconsciente de su madre: revivir al hombre amado y odiado al mismo tiempo, a pesar de su carácter violento y su alcoholismo. En cuanto la madre fue capaz de decirle a su hijo: «Tú no eres tu abuelo, ni tu bisabuelo, tú eres tú, mi querido bebé; no tienes por qué despertarte por las noches para beber como él para recordarme lo mucho que extraño a mi padre y todo el rencor que siento; puedes dormir tranquilo sin despertarte», el síndrome desapareció. El orden de las generaciones se recompuso de nuevo, el hijo no se identificaría con el abuelo y cada uno estaba en su sitio. La sucesión de las generaciones no puede retroceder ni invertirse, salvo en posiciones simbólicas.

El inconsciente materno saboteaba la diferenciación del hijo manteniendo un ciclo de repeticiones a través de parásitos inconscientes: «bebe hijo mío», «bebe toda la noche papá, pásalo bien».

Los programas vitales repercuten en nuestro comportamiento amoroso, familiar y en la elección profesional. La influencia de las tradiciones en materia de oficio en las líneas materna y paterna suscita vocaciones, por ejemplo, como los maestros en mi familia desde 1870.

La herencia se apoya en los conocimientos adquiridos durante generaciones. Si uno ejerce un oficio idéntico, todo será más fácil pero, cuando se quiere cambiar de profesión, innovar, uno se enfrenta con los obstáculos creados por el inconsciente. La fidelidad desempeña, también en el plano profesional, un rol importante en el que la lista de oficios ya practicados por la familia determina la solución de continuidad y obstaculiza las condiciones para un cambio. ¿Qué orientación tomar, que riesgos comporta el nuevo camino? La localización de experiencias profesionales por sexos facilita el éxito de proyectos personales y elimina bloqueos, cuando aparecen en la trayectoria vital.

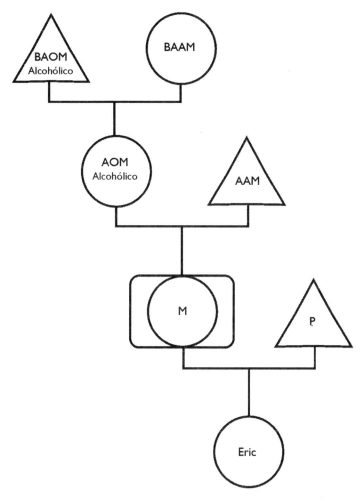

Eric no dormía bien por las noches y se despertaba llorando y pidiendo agua.
Su madre, agotada, ya no sabía qué hacer.

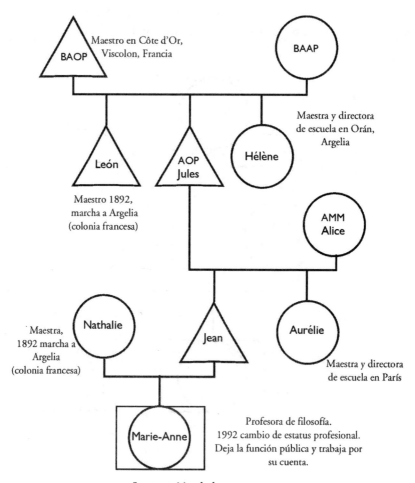

La vocación de los maestros

CAPÍTULO VI

LA MIGRACIÓN

CAUSAS Y EFECTOS, A MEDIO Y LARGO PLAZO, SOBRE LOS DESCENDIENTES

La migración se define como un movimiento por el cual se produce un cambio de residencia, sea en el interior de un mismo país o en el extranjero: se habla de emigración de España hacia fuera y de inmigración cuando son los extranjeros los que vienen a España. La palabra migración, por tanto, concierne a ambos movimientos. En el interior de un mismo país, los cambios de región, de provincia, incluso de comarca, deberán tenerse en cuenta para captar con precisión las implicaciones del desplazamiento para las familias. Antes del siglo xx, se puede considerar migración un desplazamiento de 30 kilómetros. Durante la Segunda Guerra Mundial, pasar de la zona ocupada a la zona libre ya era toda una migración, con importantes repercusiones. La migración puede ser entendida, por sus protagonistas, como una libre elección o como una obligación desagradable.

LOS INDICADORES DE LA MIGRACIÓN

APELLIDO EXTRANJERO

Una consultante se apellidaba VEGLIO. Se preguntaba cuál sería la cuna de sus ancestros. El apellido parece claramente italiano. Pero ¿de dónde, de la península, de Córcega, de Cerdeña? Descubrió que procedía de Italia.

¿De qué región concretamente? ¿Del norte, del sur, quizás de Sicilia? ¿De qué región y ciudad eran sus ancestros, dónde habían nacido, crecido, se habían casado, qué calles habían pisado, dónde están enterrados sus ancestros? Muchos consultantes no pueden situar el lugar de origen de sus abuelos, la memoria se pierde y lo mismo pasa con sus raíces.

Ese trabajo de recordar es necesario para la construcción de la identidad. Esos apellidos cantan con la música de la tierra olvidada, con lazos afectivos nostálgicos. El olvido de informaciones familiares es la pena de la partida, la añoranza de la buena cocina, del clima, de los sabores y los olores del país antes del exilio, de la nostalgia. Hay inmigrantes que no pueden o no quiere regresar a sus países de origen y sufren en silencio ese desgarro. Esos ancestros lloraron a escondidas de sus hijos.

Otros apellidos nos permites viajar a través del tiempo y del espacio geográfico, por ejemplo Annie VIAR PIOVA indica procedencia rusa, Paula DEL CASTILLO, origen español, Evelyne BENZIMRA es de ascendencia judía. El descubrimiento de los orígenes inscribe al sujeto en su cultura de origen: ¡qué maravilloso encuentro consigo mismo! El consultante se sumerge en su propia historia, nombra los lugares de sus ancestros, busca ciudades y pueblos en los mapas, dedica sus vacaciones a visitar esos lugares, libera secretos, rencores de los antiguos y a veces llega a reunirse con la familia que quedó en el país. El hilo de la memoria se recupera, las emociones contenidas durante años se desatan; los lazos que se creían rotos se estrechan. Los apellidos no lo explican todo y los nombres de pila de fonética local o extranjera reservan muchas sorpresas.

NOMBRE EXTRANJERO CON APELLIDO LOCAL

Antonio, Iván, Natasha, Boris, Ismael, Paco, Pablo, Claudia, Anna. Conocer la etimología del nombre aporta informaciones no desveladas; por ejemplo, el nombre en cuestión ¿viene del hebreo, del árabe, del bretón o del germánico? ¿Qué hay que buscar en el árbol? ¿Dónde se esconde el extranjero o la extranjera en la familia, o cuál es la relación con otro país? Haciendo las preguntas oportunas, la respuesta no se hace esperar y el personaje clave de la historia sale por donde menos se espera. ¿Quién se fue a vivir al extranjero? ¿Se trataría de un soldado que luchó en alguna guerra? ¿Quién se enamoró de un hombre o una mujer forasteros? Por ejemplo, un hombre se enamora de una mujer en el extranjero, luego vuelve a su país y se casa, y borra de un plumazo su historia pasada de amor. El nombre extranjero dado no corresponde siempre al país de origen, las pistas pueden liarse mucho, la psicogenealogía ayuda a encontrar la trama desconocida del escenario. La ficha de la identidad se completa con el lugar, las circunstancias y el contexto del nacimiento.

LUGAR DE NACIMIENTO EN EL EXTRANJERO

Se puede volver a trazar la historia de la migración con sus detalles a partir de una pareja fundadora. Hay que ponerse en su lugar para reconstruir la historia, con sentimientos, redactando una sinopsis. Los amigos que se van haciendo, las afinidades con unos y otros, las uniones con una persona extranjera, no se producen por azar.

PAREJA MIXTA Y ELECCIÓN DE ALIANZA POR UN ORIGEN COMÚN

La elección de alianzas con un extranjero indica las mismas causas. Hay que buscar, por ejemplo, una migración escondida en el árbol, algún extranjero –hombre o mujer– escondidos (un amor, una historia de la guerra, un secreto de familia). El matrimonio, la unión mixta, constituyen una mezcla de culturas. La unión de dos personas que provienen del mismo país de origen no se considera matrimonio mixto. Deberemos precisar dónde se desarrolla la ceremonia de la boda. ¿En España o en el extranjero, en el país de origen o en el de acogida? Una pareja mestiza, compuesta por un local y un extranjero, expresa el deseo del inmigrante por integrarse en la nueva cultura. El agradecimiento, en ocasiones la deuda de la libertad conquistada, puede expresarse mediante nombres como Francia, Francisco, Francisca, Francis o Francina, en el caso de un extranjero que se va a Francia; también sucede que los hijos de inmigrantes se casen con personas que llevan ese tipo de nombres, indicando un agradecimiento familiar al país de acogida.

EL PROYECTO MIGRATORIO

- ¿Por qué los ancestros abandonaron su país?
- Causas de la migración. Búsqueda del primer emigrante. Contexto de la decisión.
- Delimitación de las áreas geográficas precisas del origen y de destino.
- Elaborar una lista con las personas que migraron y definir la naturaleza de sus lazos.
- Determinar las edades en el momento de migrar.
- Percibir los sentimientos que se experimentaron durante la migración.
- Papel de la correspondencias y análisis de contenido.
- Consultar la lista de hechos históricos importantes (véase capítulo 7: «Genealogía, historia, religión»).

CAUSAS OBJETIVAS EXTERIORES, RAZONES POLÍTICAS E HISTÓRICAS

Por ejemplo, las relaciones de la política internacional entre Francia y Alemania y la guerra de 1871: la Alsacia francesa es tomada por los alemanes. Los alsacianos no querían adoptar la nacionalidad alemana por no traicionar a la patria y, muchos de ellos optaron por emigrar. Algunos se fueron a las colonias francesas del norte de África, beneficiándose de la propaganda colonial para repoblar Argelia. En este caso concreto, los nuevos repobladores tenían derecho a una concesión de tierras al llegar a Argelia, es decir, tenían el trabajo asegurado. Los artesanos de todo tipo eran bienvenidos porque faltaban esos profesionales. Los que abandonaron su Alsacia natal en 1871 lo hicieron por causas ideológicas y transmitieron a sus descendientes el sabor de la conquista, el espíritu de aventura y la llama de los pioneros.

Este ardor por descubrir nuevas tierras, nuevas culturas y nuevos parajes, si logra el éxito, se convertirá en un abono para el crecimiento del árbol genealógico gracias a la transmisión de valores positivos y alentadores: valentía, adaptación, ganas de aprender, sentido de la innovación, capacidad de resurgir, facultad de integración, voluntad de triunfo, preocupación por actuar de la mejor manera posible, idealización del país de acogida... Si todo va bien, habrá una deuda con el país acogedor porque ha sido fuente de seguridad, riqueza y bienestar en un momento clave. Los inmigrantes contribuirán con su trabajo, con sus hijos, con sus ideas y hasta con su sangre al engrandecimiento de la patria de acogida, simbolizando así la sinceridad de su apego. Las causas históricas y políticas no bastan para explicar el fundamento del proyecto migratorio, se pueden determinar otros factores.

RAZONES ECONÓMICAS Y SOCIALES

«¡Más cornadas da el hambre!».

La miseria es causa de movimientos migratorios. ¿Por qué algunos deciden irse y otros resisten y se quedan? ¿Qué acontecimientos influyen en su decisión? Mientras ejercía en el sur de Francia, conocí a muchos descendientes de españoles, italianos, sardos, corsos, llegados a Francia en busca de trabajo. Entre los diferentes oficios, la construcción era el más representado, seguido de artesanos especializados como el trabajo del cuero; también el pequeño comercio como la venta de zapatos, la minería en el norte de Francia, los obreros agrícolas y los harkis (partidarios de mantener la colonia de Argelia) en la Oficina Nacional de Bosques.

Las historias migratorias presentan puntos en común: en principio, las familias provenientes de la cuenca mediterránea tienen al padre como sostén de la familia; es el que trae dinero a casa con el sudor de su frente. Originalmente, se puede pensar que la supervivencia económica era la causa fundamental de la migración, pero un examen atento del árbol aclara otras motivaciones más subjetivas, esenciales sin embargo para la comprensión del proyecto migratorio, como por ejemplo una fuerte rivalidad entre padre e hijo, un conflicto entre un hermano mayor y el menor, malas reparticiones de tierras, obligación de huir por causas sexuales o morales, políticas, de odio entre familias, deudas de juego, asesinatos y violaciones.

Al emigrar, un hombre o una mujer se sacrifican y aplacan así luchas intestinas. Nada les asegura el triunfo, ni siquiera el duro trabajo y los esfuerzos invertidos. Si el sentimiento de amargura y la decepción persisten con el paso del tiempo, el resentimiento lo pagarán los descendientes.

Las razones subjetivas arrojan luz y la búsqueda de información puede ser muy fructífera, a condición de tener paciencia. La curiosidad nos conduce a levantar el velo de tormentos debidos a catástrofes naturales.

CAUSAS NATURALES: CATÁSTROFES, CALAMIDADES, PLAGAS

Grandes epidemias y las calamidades que afectan, por ejemplo, a las plantaciones agrícolas o al ganado. Aún no se conoce del todo el alcance real del mal de las vacas locas, camadas enteras han marcado a varias generaciones. En Occidente el Estado se encarga de ayudar a la gente en esta situación para que el desastre no sea irreparable. Se puede buscar información en las hemerotecas, en los archivos públicos, en ayuntamientos, en las familias, en los diarios privados y en las historias de la gente mayor. La memoria oral, en los pueblos, es una fuente preciosa de datos sobre catástrofes naturales.

Ejemplos de catástrofes naturales:

— Agua: inundaciones, tormentas, rayos, tempestades, naufragios.
— Falta de agua: sequías, hambrunas, problemas de higiene.
— Tierra: temblores, tormentas de arena, hundimientos.
— Fuego: cosechas quemadas, incendios, producciones destruidas, explosiones.

Ejemplo de diáspora familiar a consecuencia de la crecida de un río, a finales del siglo XIX.

Había una empresa familiar en plena expansión en Aranjuez, España. Tras el desbordamiento del río, la curtidora de mi tatarabuelo, Manuel, quedó destruida. No le quedaba nada. La crecida devastó toda la zona e inundó la región. Manuel tenía nueve hijos, los cuales trabajaban con él. Esta catástrofe obligó a toda la familia a tomar una decisión drástica: la de emigrar. Con sus nueve hijos, decidieron marchar a las Américas y el proyecto migratorio se puso en marcha. Atravesaron el Atlántico y llegaron al Nuevo Mundo: dos se instalaron en Cuba, dos en Argentina, uno en México y tres en Estados Unidos. El pequeño de la familia, mi bisabuelo Juan, prefirió un país más cercano a Europa, así que cruzó el Mediterráneo y se fue a Argelia en 1880.

Los descendientes de estas ramas no se conocen entre sí pero una prima, Alexandra, fanática de internet, empezó a reunir piezas del puzle. Tuvo un hijo justo en el momento en que descubrió las diferentes ramas emigradas a América: ¡qué bonita sincronía! Ése sería el bebé de la reconciliación y representaba la nueva unión de la familia. La red estaba en vías de reconstitución, los primos americanos pudieron ponerse en contacto con Alexandra por e-mail. La siguiente Navidad se fue a Carolina del Sur para encontrarse con los descendientes de nuestros ancestros, perdidos de vista durante un siglo.

CAUSAS FAMILIARES: EXPOLIO DE LA HERENCIA

«¡Si no hay Casera... nos vamos!».

Tras un fallecimiento, los problemas de herencias, los repartos no igualitarios de los bienes, son causa de migraciones por parte de los desposeídos. Por ejemplo, los hermanos menores, en la isla de Reunión, no tienen derecho a heredar patrimonio y acaban instalándose en el interior de la isla, en las zonas montañosas, desfavorecidas e inaccesibles, para sobrevivir en aislamiento de forma realmente autárquica. ¿Por qué razones la parte robada, no distribuida, no se reivindica como justo derecho? Esta falta de reclamación suscita, en los sucesores, un sentimiento de injusticia y de cólera. El conflicto dentro de la familia y los rencores entre hermanos quedan grabados hasta el punto de impedir el correcto desarrollo o expansión de los descendientes. En lugar de sentirse con derecho a ganar dinero, gastárselo y disfrutar de la vida, sufrirán siempre por motivos económicos. Su programación vital se orientará a través de exhortaciones tales como:

• «Devuélveme lo que me debes».
• «No te fíes de nadie».
• «Te vas a quedar sin un duro».

La fruta está podrida por dentro, la relación con el dinero se convierte en una cuestión afectiva. El desheredado no ha sido reconocido con justicia. «Devuélveme lo que me debes» significa «reconoce quién soy, soy tu hijo o tu hija, tu hermano o hermana, tu mujer o tu compañera». Esta herida narcisista afecta en lo más profundo y sabotea las relaciones humanas, lleva a tensiones fraternas, a crisis conyugales y a situaciones de fracaso. Si el descendiente consigue éxito y hace fructificar su dinero, conocerá un fracaso social provocado inconscientemente. La realidad es que no tiene derecho a disfrutar de la parte que sus ancestros le robaron. Las querellas por dinero en el seno de la familia conducen a callejones sin salida y a rotura de ramas genealógicas.

Se pueden proponer soluciones de reemplazo para compensar el desequilibrio del perjuicio sufrido. Un conflicto por una herencia empuja a los miembros afectados a abandonar su lugar de origen y, para los descendientes, el deber de reencontrarse.

Valérie, una consultante, se casó con un inglés primero y luego con un hombre del Pacífico Sur, dando así fe de su lealtad transgeneracional.

«Voy a buscar lo que le correspondía a mi abuelo
a la otra punta del mundo».

La elección de un compañero del Pacífico (paz) tiene que ver con la guerra en el seno de la familia. Con su tahitiano, tendrá un hijo al que llamarán Amor. Su abuelo fue desheredado, su padre tuvo que pagar las consecuencias malvendiendo su casa. Valérie decidió partir de cero y no aceptar en propiedad nada que no hubiese ganado por sí misma. Llamando a su hijo Amour, intenta resolver en antiguo conflicto de la fratría y transforma el odio en Amor. ¿Qué pasará luego? Un ritual de resolución del conflicto será útil para detener el proceso y devolverle al abuelo paterno la parte que le correspondía de su fortuna.

Las razones complejas de ciertas migraciones no resuelven todas las redistribuciones de las partes. La historia no resuelta queda en suspenso. Las mujeres se ven directamente afectadas por la iniciativa de la migración y dan muestra de mucha valentía. Con sus hijos a cuestas, se enfrentan a todo y resisten lo que sea.

Un heredero en la otra punta del mundo

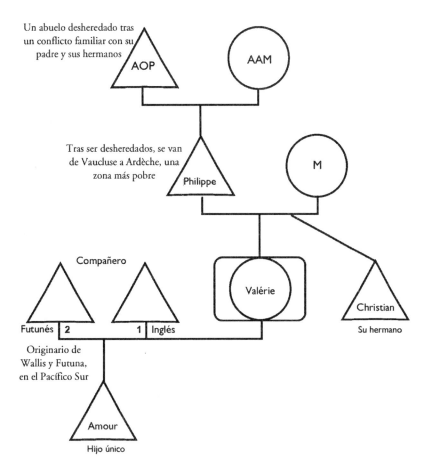

Un abuelo desheredado tras un conflicto familiar con su padre y sus hermanos — AOP · AAM

Tras ser desheredados, se van de Vaucluse a Ardèche, una zona más pobre — Philippe · M

Compañero · Valérie · Christian · Su hermano

Futunés 2 · 1 Inglés

Originario de Wallis y Futuna, en el Pacífico Sur

Amour · Hijo único

CAUSAS DE HONOR Y REPUTACIÓN: MADRES SOLTERAS Y MADRES ADOLESCENTES

Una niña-madre, Livia, embarazada de un policía municipal, dejó Córcega –su isla natal– para irse a Francia, dar a luz y quedarse con su bebé sin tener que verse señalada con el dedo en su pueblo. Para irse, vendió las tierras de una herencia, su casa a un primo suyo, porque tenía necesidad de dinero para sobrevivir. Su hijo, José, lamentaría toda su vida no tener familia, haber cortado los lazos con ella. Cuando su madre murió, se trasladó a Córcega y restauró la reputación y el honor de su madre y su familia. José sigue buscando a su padre, cuyo nombre siempre fue ocultado por la madre para conservar el secreto de su concepción.

CAMBIOS PROFESIONALES

Las razones profesionales entran en juego en el proyecto migratorio y se llaman mutaciones. Por ejemplo, los militares, los funcionarios, los policías, los aduaneros, los oficios relacionados con lo internacional (comercio, empresas privadas, directores de sociedades), incluyendo los transportes (barcos, aviones, camiones). Estas profesiones se escogen en función de desplazamientos obligados. Hay que buscar las formas en que se han criado los niños en la infancia y entre los ascendentes. ¿Quién se encargó de los niños? ¿Por qué ha sido desplazado? Decodificar el sentimiento de abandono que no ha podido ser expresado desde la separación. En la lógica de la repetición, el escenario de la historia antigua, quizás desconocida, quizás conocida un tiempo y después olvidada, se repite sin que nos demos cuenta. Pero ese escenario ya no nos pertenece y lo justo es devolverlo a su puesto en la cronología familiar. Si nos sentimos abandonados en el 2000, quizás el abandono real se produjera en el 1900, en 1930 o en 1960, afectando a varias generaciones. El consultante puede hacer una investigación para reparar el episodio en el árbol genealógico, deshacer el problema y librar la cadena de repeticiones.

RAZONES DE SALUD

Enfermedades mentales: depresiones / melancolía / problemas de comportamiento.

Problemas circulatorios: Flebitis cuando no es posible volver al país de origen: «No puedo moverme, no puedo usar mis piernas».

Problemas articulares: «No consigo la unión entre ambos países, ambas culturas, ambas familias, aquí y allá». Por ejemplo, la articulación de la rodilla (problemas para unir dos personas), bloqueos en los hombros, caderas, tobillos.

Cáncer: El cáncer de mama es un conflicto en el nido. El de colon para las colonias, donde se ubicaron colonos.

Problemas cardíacos: Infarto de miocardio tras la pérdida de territorio vivida dolorosamente sin poderlo expresar.

Problemas de lenguaje y ortofonía: Las nuevas generaciones pueden tener dificultades escolares con la lengua y las letras. A veces, el cambio del nombre de origen extranjero transformado en un nombre local parecido fonéticamente, se traduce por problemas con la vocal o consonante desaparecida en la transformación; suele tratarse de fonemas inexistentes en la lengua del país de acogida. Los descendientes de inmigrantes que tienen problemas de logopedia están anunciando un cambio de nacionalidad no integrado.

Un ejemplo podría ser el de *Jamal,* nombre árabe que se parece a Joan Marc, en catalán. En este caso, el niño podría experimentar dificultades para pronunciar la consonante desaparecida (la «l»). Si no hay ningún parecido en la forma de oír el nombre, es como si el país de origen fuera borrado, eliminado sin ningún duelo.

EFECTOS DE LA NACIONALIZACIÓN EN LOS DESCENDIENTES

La nacionalización, a menudo acompañada de la españolización del nombre y del apellido (sobre todo en cuanto a la pronunciación del mismo) que son la parte más íntima de la identidad de un individuo, marca un cambio decisivo, según un doble movimiento. Por una parte hay un componente de deslealtad en relación a las leyes de los ancestros, es una forma de borrar las pistas genealógicas; por otra parte, hay un componente de integración, un cambio de identidad para favorecerla. Generalmente, los inmigrantes hacen esfuerzos por ser considerados buenos ciudadanos y pertenecer a la sociedad de acogida con plenos derechos. El sentimiento de pertenencia se pone de manifiesto cuando nacen niños de la nacionalidad de acogida.

Fecha y edad de la nacionalización: La edad de la nacionalización es, en muchos sentidos, significativa en el síndrome del aniversario. A la misma edad, se producen acontecimientos importantes, sin que la persona implicada pueda establecer, por sí misma, la relación causal (migración, nacionalización) en la situación presente. Es importante verificar, sistemáticamente, la edad y el año de la nacionalización.

EjEMPLO: Maya, de 36 años, sufre una parálisis de brazo izquierdo y no entiende por qué razón le ocurre. Ha consultado muchos médicos pero no encuentran razón física para su problema. Estableciendo su genosociograma se dio cuenta que su madre, María Dolores, dejó España con 36 años para ir a Francia y allí pidió la nacionalización, que obtuvo sin problemas. No obstante, para la madre de Maya, este radical cambio de identidad, insuficientemente preparado, provocó un sentimiento de deslealtad para con los ancestros y con el país de origen. Una vez francesa, María Dolores padeció una depresión nerviosa y su hija, que entonces tenía sólo 2 años, respaldó a su madre hasta convertirse en su «mano derecha». Una nacionalización a los 36 años o en 1936, gracias a la relación edad/años, producirá desórdenes en los descendientes, cuando tengan la misma edad.

Historia de una migración España-Francia

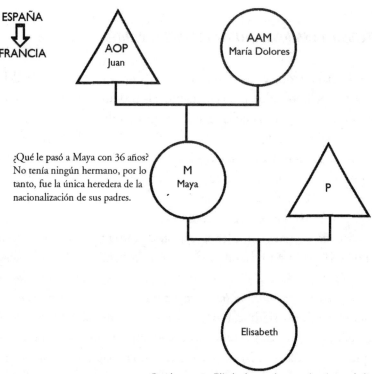

¿Qué le pasará a Elisabeth cuando tenga la misma edad?

Si la nacionalización es bien vivida, explicada con palabras, se expresará correctamente como el paso entre dos culturas, como un proceso de aculturación que se desarrollará de manera lógica y natural. Pero a menudo, como se vive mal, los descendientes experimentan una neurosis de fracaso, de clase. Si el proceso de nacionalización tiene éxito, estarán condenados a perder sus orígenes y experiencias. Si fracasa, obedecerán a la fidelidad a los ancestros al tiempo que se sienten víctimas del destino. De hecho, ellos mismos generarán situaciones de fracaso.

Algunas personas se hacen preguntas sobre su propia vida y acaban sintiendo dificultades para elegir el camino que quieren seguir. Aquellas que no llegan a saber hacia dónde ir, a pesar de sus competencias naturales, deberán volver a encontrar el sentido a la migración y unirse nuevamente a las ramas del árbol de las que fueron separadas, dado que hubo un corte, una ruptura en la comunicación interna del árbol genealógico. El conocimiento de los propios orígenes reconstruye las raíces invisibles y favorece la elección del lugar que a cada uno nos corresponde, así como la profesión que está más de acuerdo con nosotros y la fundación de una familia armoniosa.

En ocasiones, el consultante se instala en el bienestar, consigue un buen estado de seguridad material y disfruta naturalmente de sus bienes. Pero si no ha asumido bien el proceso migratorio y la nacionalización de sus antepasados, acabará pensando que, en realidad, no tiene derecho a tales bienes y tales seguridades y creará una situación de sabotaje inconsciente. Actuará de forma compulsiva y se divorciará de su pareja sin motivos serios, boicoteará sus propios negocios, etc. Este comportamiento se debe a la lealtad ancestral, a la voluntad de no traicionar a los antepasados que tanto tuvieron que pasar y tanto tuvieron que luchar por sobrevivir.

Para comprender el efecto de la migración en los descendientes, hay que componer una tabla que recapitule el episodio, desde la salida hasta la llegada. Habrá que tener en cuenta el período histórico del cambio y el contexto histórico-político del país de origen.

EjEMPLO: Aisha es de origen magrebí. Su padre se fue solo a Francia y, la madre y los hermanos le siguieron más tarde. La realidad vivida por Mohamed fue penosa y decepcionante, se hundió en el aislamiento para superar la ruptura con su país (la lengua, la cocina, la luz, el calor), se dio a la bebida y acabó alcohólico. Cuando llegó la familia él era ya otro hombre, marcado por el cambio para siempre. Aisha sufrió la transformación de su padre que jamás sería el papá de su infancia.

SENTIMIENTOS NEGATIVOS EN JUEGO, EN EL ÁRBOL, EN RELACIÓN A LA MIGRACIÓN

Los sentimientos negativos provienen de situaciones mal vividas que no fueron expresadas en su momento; ese problema afectará a varias generaciones, de manera más o menos consciente.

El sentimiento de abandono se transmite de manera muy profunda y puede ir acompañado de otras emociones: la tristeza, el rechazo, la exclusión, la sensación de ser diferente, la impotencia, el aislamiento, el desarraigo, la traición, la culpabilidad, la pérdida, la ira, la injusticia. Dichos sentimientos pueden ser expresados físicamente, con sensaciones corporales. Por ejemplo, la sensación de vacío produce depresión. La señora de la casa, cuando llega al país de acogida, puede colmar el vacío mediante un embarazo. El niño concebido a los pocos meses de la migración se llamará «niño de transición» y jugará, desde el vientre de su madre, un rol de sostén parental. Será considerado un niño parentificado.

UN EJEMPLO DE MIGRACIÓN CON UN NIÑO SACRIFICADO

Érase una vez una familia española que vivía cerca de Barcelona, en Cataluña. En 1913, la pareja Ruiz-Fernández y sus seis hijos emigraron al sur de Francia, a la zona de Perpiñán. En el momento de irse, la madre, Rosita, decidió dejarle a su madre la segunda de sus hijas, Anita. Esa niña sería la garantía del regreso, como una prenda hecha a la naturaleza. Anita no escogió quedarse en España pero con ocho años no podía decidir nada y ni siquiera podía imaginar las consecuencias de su situación a largo plazo. El regalo envenenado que le hicieron se llama abandono y esta niña sacrificada cargaría con la cruz de la partida familiar: sus padres y sus cinco hermanos. Al vivir con su abuela materna, reemplazó a su propia madre, creando una confusión generacional.

Como no podía escoger como madre entre las dos mujeres, su verdadera madre y su abuela, que hacía de madre, sus afectos quedaron en suspenso. Se sentía culpable por ello y la consecuencia fue que permaneció soltera toda la vida, sin querer tener hijos.

La madre, por su parte, al llegar a Francia experimentó tal sensación de vacío que sufrió una depresión. Nació un nuevo hijo en 1914. Este hijo, el séptimo, nació en Francia y le pusieron un nombre francés, Marcel; sería el patito feo de la familia. Este niño de transición fue concebido para regularizar la adaptación de toda la familia al nuevo país. Nunca se casó ni quiso tener hijos. No se pudo evitar que el niño reemplazara a Anita, la que se quedó en España, y el niño vivió una doble polaridad, masculina-femenina. Por eso no podía encontrar pareja y vivió permanentemente ligado a su hermana Ana, a la que sólo conoció muchos años después, y a su madre. Ésta, volvió a España de visita en 1923, diez años después de su partida, y no recuperó a su hija Anita sino que dejó a otra de sus hijas, Carmen, como segunda prenda para asegurar su regreso. Así ya tenemos dos hijos sacrificados.

La migración suele acompañarse de un abandono, de depresión y de enfermedades.

Migración de los Ruiz-Fernández
El niño sacrificado se queda en el país de origen

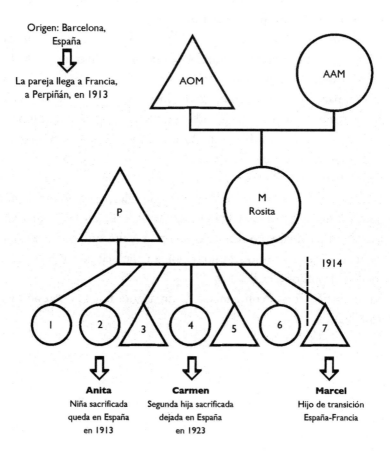

Origen: Barcelona, España

La pareja llega a Francia, a Perpiñán, en 1913

AOM

AAM

P

M
Rosita

1914

1 2 3 4 5 6 7

Anita
Niña sacrificada
queda en España
en 1913

Carmen
Segunda hija sacrificada
dejada en España
en 1923

Marcel
Hijo de transición
España-Francia

Un ejemplo de poblamiento: emigrantes de diferentes continentes pueblan la isla de Reunión

Tabla de los países de origen antes de la llegada a Reunión (océano Índico)

ASIA	CHINA VIETMAN INDIA
ÁFRICA	MADAGASCAR ÁFRICA NORTE Y SUR ÁFRICA NEGRA
OCEANÍA	NUEVA CALEDONIA POLINESIA: TAHITÍ AUSTRALIA
ÍNDICO	ISLA MAURICIO COMORO
EUROPA	FRANCIA
AMÉRICA	ANTILLAS GUYANA

CAPÍTULO VII

GENEALOGÍA, HISTORIA Y RELIGIÓN
LOS DEBERES FAMILIARES

LA INFLUENCIA DE LA HISTORIA EN LAS FAMILIAS

El estudio de las familias requiere el conocimiento de los principales acontecimientos de su historia. Algunas fechas de genosociograma, como el 23 de agosto, san Bartolomé, conmemoran hechos históricos en que las ramas de un árbol se separaron, se rompieron, se perdieron de vista pero no se olvidaron en el inconsciente transgeneracional. Los miembros de una familia fueron masacrados, asesinados, matados, guillotinados como en la Revolución Francesa, deportados por sus ideas, mandados a galeras, encarcelados, denunciados, traicionados por sus ideas políticas. Los soldados desertores o desobedientes eran fusilados, sin juicio, entre 1914 y 1918. Perdieron el honor y dieron su vida por una ideología justificada. Los miembros de la Resistencia pagaron por todos los demás durante la Segunda Guerra Mundial. Hombres y mujeres opuestos al régimen tuvieron que huir de su país, como pasó con los alsacianos en 1871; los judíos eran deportados a campos de concentración, donde los exterminaban. Los traumas interiorizados afectan a los descendientes de manera individual, familiar y, lo que es más grave, al pueblo entero que lleva los estigmas.

Todos estos tormentos soportados de manera injusta sacuden seriamente la memoria familiar y colectiva, aunque se remonten siglos atrás. A veces el consultante tiene la posibilidad de encontrar los datos iniciales, a través de fechas importantes, de documentos oficiales y de sincronías significativas. De este modo, las hipótesis son validadas, a nivel de memoria, pero en caso contrario la pertinencia de la verificación tiene lugar por los efectos positivos en el presente. El descubrimiento de la realidad social, política, histórica, causa de la desgracia genealógica, se traduce en auténticos cambios, la energía bloqueada durante años, decenios o centurias, se libera de manera sorprendente. En las familias nobles la búsqueda es más sencilla gracias a la historia del blasón, la divisa conservada y el patrimonio. En cualquier caso, la transmisión del sentimiento de injusticia para los descendientes más lejanos mucho más allá de tres o cinco generaciones, como una llama inalterable que jamás se extingue. Como para dar fe de las fechas importantes, de concepción, de nacimiento, de bodas y de muertes, se desencadenan enfermedades graves, las fechas corresponden a fracturas de miembros, sobre todo cuando afectan a las articulaciones, a intervenciones quirúrgicas o a heridas corporales. El handicap físico es el signo de una secuela física y moral, el indicador de una somatización obligada, debida a una ruptura en el árbol, a la escisión definitiva de dos ramas.

Otro signo de reconocimiento del impacto histórico en las familias es la elección de nombres para los niños, reveladores de la época en que se ubica el nudo: Rodrigo, Hugo, Guillermo evocan las cruzadas, Fernando, Isabel o Felipe recuerdan dinastías reales y señalan períodos concretos y lugares geográficos precisos. Las direcciones nos ayudan a completar la búsqueda, si se escoge vivir en una casa de una calle que lleva el nombre de un general o de un personaje célebre, el piso en que se viva también revela una problemática relacionada con el primer, segundo, tercer hermano en una fratría. El nombre de una residencia, de una urbanización, puede ser el de un santo o una referencia concreta a un episodio histórico significativa en la trayectoria de los ancestros. Estas informaciones deben tenerse en cuenta, en ausencia de documentos, a fin de recuperar el hilo de Ariadna perdido. En función de las coincidencias encontradas, recomiendo la lectura de obras especializadas en relación con el período histórico que corresponda y sus personajes importantes. Entender en conjunto el recorrido familiar es necesario para la comprensión y la interpretación; uno o varios elementos aislados no bastan para fundar una hipótesis teórica. Un elemento se vuelve significativo si los índices de interpretación se repiten al menos tres veces.

En la práctica, la historia de Corinne resulta ilustrativa. Corinne tenía una cita el 23 de agosto de 2000. Estaba inquieta por su segunda hija, Consuelo. Se preguntaba «¿Por qué he salido?» (¿de casa?). No se dio cuenta de la correlación entre la fecha de la cita y el cumpleaños de su hija, nacida un 23 de agosto de 1998. Un punto de referencia en el árbol se efectuará alrededor del día 23 de agosto, en este caso fecha significativa. Un ancestro de la paciente, Jean, también nació el 23 de agosto de 1872; la consultante se casó con Jacques, nacido el 23 de agosto de 1936. 72 : 2= 36, los dos hombres tenían una conexión inconsciente. La primera hija, Eva, nació también un 23 de agosto de 1989.

Estas correlaciones son determinantes en un análisis psicogenealógico. El árbol de Corinne contiene, cuando se observa, cuatro repeticiones en la misma fecha, sin contar con la retahíla de nombres bíblicos que requiere de un buen conocimiento de las Sagradas Escrituras y probando una profunda fe católica con el pasar de los siglos.

La pregunta inicial, la de por qué se había ido, puso a Corinne en un problema: «¿Por qué se fue?». Tras esta presentación histórica nos preguntamos: ¿quién estuvo obligado a irse de algún sitio un 23 de agosto? Los protestantes supervivientes de la masacre del día de san Bartolomé. Migraron al extranjero para salvar la vida, viéndose forzados a salir corriendo precipitadamente, dejando sus bienes atrás, sin posibilidad de verse con sus familias ni de decir un último adiós a parientes ni amigos. Otros, para poderse quedar en Francia, se convirtieron forzados al catolicismo, que era el único modo de salvar la vida. Abjurar de la fe bajo la amenaza de las circunstancias, bajo presiones, deja una marca indeleble en la memoria del clan. Debe renunciarse a las convicciones más íntimas, a la red tejida durante años, a la educación de los hijos según las ideas religiosas. El cambio radical de religión es desestabilizador: la estructura del funcionamiento interno de la familia, de las relaciones, del estatus social, desaparece, los puntos de referencia cambian, las raíces mismas se pierden. Una toma de conciencia resulta imprescindible para la reconstrucción estructural, asociando las experiencias antiguas con los valores de la nueva cultura, de donde se deriva una aculturación, una mezcla, un mestizaje del que los ancestros nada supieron. La riqueza de nuestro método permite remontar a la fuente del problema, el objetivo es el cese de la cadena de sufrimiento: ¡stop a la serie de repeticiones familiares negativas!

Con Corinne constatamos el siguiente hecho: hubo dos protestantes en su familia pero sus ramas se cortaron, se separaron, dado que algunos optaron por aceptar la religión católica. Ambas ramas no pudieron mantener contacto y apareció el sentimiento de traición, de pacto con el enemigo; la consecuencia a nivel genealógico es catastrófica: los miembros de una misma familia se pierden de vista y se olvidan. Esta separación es desgarradora y no hay consuelo posible, sólo queda el olvido. La historia vale para todas las ramas y los descendientes sufren lo mismo.

Volvamos a la inquietud de Corinne, cuya causa es la historia de una huida antigua: 1572, fecha del tricentenario, en relación con el nacimiento de su ancestro, el 13 de agosto de 1872. Fue la masacre del día de san Bartolomé. Las alianzas con personas llamadas Bartolomé, las fechas repetidas en agosto, presagian todas la misma causa histórica.

Sin entrar en detalles, que son propios de los historiadores, apuntaremos, a título indicativo, los principales complots religiosos.

LOS COMPLOTS RELIGIOSOS

23-24 de agosto 1572: La noche de san Bartolomé

En la noche entre el 23 y el 24 de agosto de 1572 tuvo lugar una masacre de protestantes. La guardia real de Carlos IX y su milicia asesinaron salvajemente a 3.000 personas en París, esperando así acabar con la comunidad protestante y haciendo caer a sus cabecillas. San Bartolomé es el patrón de los carniceros, que murió desollado vivo un 23 de agosto. Los días cercanos también deben tenerse en cuenta porque para las familias afectadas tuvieron consecuencias desastrosas. Los efectos de esta masacre se hicieron sentir durante mucho tiempo. Pongamos como ejemplo a Michèlle: esta paciente consultó por una mastectomía; en su árbol se percibía que su madre nació un 23 de agosto, su hijo Baptiste nació el 24, su otro hijo fue concebido un 24 de agosto, dado que nació el 22 de mayo; remontándonos por la línea paterna, encontramos el apellido de Barthélemy en dos generaciones, combinado con nombres muy bíblicos, como testimonio de ferviente devoción católica que los librara de toda sospecha. ¿Qué pasó en la familia de Michèlle en 1572?

1648 a 1653: La Fronde

La Fronde, oposición a los cardenales Richelieu y Mazarin, comportó masacres en julio de 1652 en París y traiciones en serie por toda Francia. Durará hasta el 3 de febrero de 1653.

18 de octubre de 1685: Revocación del edicto de Nantes

Enrique IV firmó, el 13 de abril de 1598, el edicto de Nantes, que protegía a los protestantes. Luis XIV lo revocará el 18 de octubre de 1685. Doscientos mil protestantes prefirieron exiliarse y empezó el éxodo, una verdadera sangría para Francia con la pérdida irreparable de la élite. Para comprender la incidencia de la historia religiosa en los árboles genealógicos, propongo el ejemplo de Marie-Christine. Sus hijos se llaman Guillaume y Thibault, nombres relacionados con las cruzadas. Además, su familia está marcada por la historia del protestantismo y las consecuencias de la revocación del edicto de Nantes. Marie-Christine, además, conservaba preciosos documentos en los que se habla de la obligación de sus ancestros a convertirse al catolicismo. Al ocupar posiciones sociales favorecidas y puestos honoríficos, el rey les concedió nuevos privilegios y títulos aristocráticos, empleos reservados y demás prebendas a cambio de una conversión ejemplar. Así, el árbol genealógico quedó seccionado, a partir del mismo tronco, en dos ramas que evolucionarían separadamente: la rama católica y la rama protestante. Ambas ramificaciones disociadas no podían mantener el contacto, so pena de muerte. La rama católica, para reafirmar su nueva identidad, empezó a escoger nombres bíblicos y procuraba que sus hijos nacieran durante las fiestas católicas más importantes, como Todos los Santos, Pascua, Navidad y fiestas marianas. Todos esos esfuerzos para poner de manifiesto una gran herida en el árbol, una herida en el corazón, con tantos esfuerzos y renuncias, con separaciones duras y grabadas en la memoria. La creencia de la tradición sobrevive, impregna el árbol en profundidad. Los hijos de Marie-Christine solían romperse las extremidades superiores a menudo (manos, muñecas, codos, brazos y hombros); dichas fracturas nos remontan a episodios sangrantes de la historia de Francia.

La influencia de los complots es pertinente y, una vez descodificados, ofrece las claves de ciertos nudos genealógicos. Mucho más difícil de verificar pero realmente apasionante en muchos sentidos, es la repercusión psíquica de las cruzadas en las familias que se vieron afectadas.

Las cruzadas está ligadas al Mediterráneo y a Oriente, a la navegación marítima, a los barcos, a las órdenes monásticas, a la caballería, a las epidemias de peste y de lepra, a las ruptura familiares, a los abandonos, a la frustración sexual de las mujeres que quedaban solas durante años y a las heridas físicas y emocionales. De finales del siglo XII a finales del XIII, la energía conquistadora servirá, sobre todo, para asegurar el poder temporal de reyes, que implicaba la cristiandad de Occidente. Una ambición política, con intereses mercantiles en juego, se desplegó al amparo de una aventura espiritual. Tres arcanos mayores del Tarot, el 11 (la fuerza) el 12 (el ahorcado) y el 13 (la muerte) traducen, de manera simbólica, la travesía y sus obstáculos. Para refrescar la memoria, presentaré ahora una recapitulación de las cruzadas de la Edad Media. Fueron ocho y dieron empleo y distracción a muchos nobles y caballeros belicosos, con ansias por conquistar nuevos territorios bajo la protección del Papa. Las cruzadas exigían la obediencia a reglas estrictas, la pronunciación de votos y el uso de la cruz en la vestimenta.

SINOPSIS DE LAS FECHAS CLAVE EN LA HISTORIA DE FRANCIA

1095: Llamada del papa Urbano II a la cruzada, con el fin de liberar Jerusalén de los musulmanes.

1096-1099: Primera cruzada de su iniciativa. Fue precedida de una campaña de Pedro de Amiens y de Gauterio Sans Avoir contra los turcos. Para defender Tierra Santa se crearon órdenes de monjes-soldados.

15 febrero 1113: Los caballeros hospitalarios de San Juan de Jerusalén son reconocidos por el papa.

1118: Los templarios, dirigidos por Hugo de Payns se autodenominan Nuevos Caballeros del Templo de Salomón.

1146-1149: Segunda cruzada lanzada por Bernardo de Claraval, conducida por Luis VII, acaba con un tremendo fracaso.

1189-1192: Tercera cruzada bajo la responsabilidad de Ricardo Corazón de León, rey de Inglaterra, Felipe augusto, el emperador Federico

Barbarroja (muerto ahogado) y que concluyó con un acuerdo con Saladino. Se crea la orden militar de los Teutónicos.

1204: Cuarta cruzada, bajo Inocente III, conducida por Bonifacio de Montferrat, Balduino de Flandes y Teobaldo de Champaña, que se transformó en razia con la toma de Constantinopla.

1207-1208: Cruzada contra los albigenses o cátaros.

1217-1221: Quinta cruzada, sitio de El Cairo.

1229: Sexta cruzada conducida por Federico II, excomulgado por Gregorio IX, que obtuvo una tregua de 10 años. Pérdida definitiva de Jerusalén.

1248-1254: Séptima cruzada, llamada de San Luis, del rey Luis IX. Su fracaso provocó reacciones violentas contra los nobles, los clérigos y los judíos franceses.

1270: Octava cruzada. San Luis muere de peste en Túnez.

1291: Fin del Imperio bizantino.

13 de octubre de 1307: Arresto de los templarios, acusados de herejía. Sus bienes son confiscados.

1312: Abolición de la orden del Temple.

Para los procesos pro brujería que afectaban a mujeres, encontramos el tema del fuego, el ahogamiento, huidas al extranjero, problemas con la glándula tiroides y la garganta en general y jaquecas. El fuego de la pasión (el *thymos* griego) presenta una relación etimológica con el latín *fumus* (humo) y el término vidente, adivino, según Groddeck. El tabaquismo puede ser interpretado en relación con este tipo de acontecimientos, así como la atracción por la fitoterapia, la recolección de plantas, las medicinas alternativas, los tejidos, los oficios que impliquen la especulación financiera, los oficios relacionados con el poder espiritual o temporal, la medicina, la paramedicina, la entrada en órdenes y conventos, las profesiones relacionadas con la ley (jueces y notarios) y el compromiso político.

La influencia de las cruzadas, en tanto que guerras santas, ha perpetuado una concepción del soldado de Cristo que es, al mismo tiempo, santo y mártir. Esta visión del sacrificio, de darse a sí mismo a una causa sagrada, se verifica en períodos más recientes, en las dos guerras mundiales con un efecto radiante –el círculo de purificación– que repercutía en la familia. Por ejemplo, un hijo muerto en la guerra se convierte en héroe para la familia, su muerte borra los deberes y las obligaciones de su clan. El soldado que cae con honor se salvará de todos sus pecados y, además, salva a toda su familia. Esta noción de combatiente sagrado la encontramos descrita en *Les Deuils de guerre, 14-18*, obra de Stéphane Audoin-Rouzeau, narraciones llenas de la íntima experiencia del duelo. El autor, como historiador, analiza el duelo de guerra vivido por los parientes cercanos como un calvario, un *vía crucis*, una razón de vida basada en el mantenimiento de la memoria del héroe que nos sumerge en pesares eternos. Los monumentos al soldado desconocido recuerdan a todos esos desaparecidos en combate, cuya presencia es irreemplazable.

El trabajo del psicogenealogista saca provecho de esta aproximación clínica a los traumas de la guerra. Se puede construir una historia allá donde el vacío ha dejado sin voz a los supervivientes. Encontrar las palabras necesarias aporta sentido, libera al paciente del peso de la cruz que arrastra en forma de desgracias y amargura. Esta vida arruinada en plena flor queda en suspenso en el corazón de sus descendientes, los cuales deben, por fidelidad al muerto, dejar en barbecho sus propias historias afectivas.

Las razones de esta amputación emocional son múltiples; evocaré unas cuantas:

— Compromisos rotos entre novios.
— Amores eternos y uniones imposibles.
— Celibatos forzados.
— Ganas de tener hijos que nunca llegan, hijas-madres.
— Niños no reconocidos, abandonados, de los que se ha renegado, abusos de filiación.
— Niños con parientes enemigos al otro lado de una frontera.

En ocasiones, los lazos se cortan de manera definitiva; el matrimonio con un hombre al que nunca se podrá amar como se amó al que murió llena a una mujer de amargura. Las denuncias en tiempos de guerra manchan el honor de las familias, las embrutecen y la gente teme contagiarse. A veces, las viudas insisten en defender a sus maridos, se enfrentan a las autoridades, a la Administración, llegan a pagar con sus vidas la rehabilitación de los condenados. También hay prisioneros de los que nada se sabe durante meses, años, a los que se cree muertos o de los que se espera un regreso, los cuales pueden reaparecer o no. Los parientes se sienten desconsolados, se desesperan, experimentan un vivo sentimiento de impotencia, la vida les resulta insoportable y algunos supervivientes rozan la locura, ¡nada se puede hacer por ellos! Son como muertos vivientes que intentan vivir por el ser amado desaparecido una juventud perdida. Para los descendientes quedan las depresiones, las mujeres embarazadas y solas, los abortos espontáneos... La pregunta permanente es «¿dónde están sus restos?». El héroe reposa en cuerpo y alma en el cuerpo de un vivo, toma posesión de quien lo amaba. Esa identificación se denomina identificación *post mortem.*

Aparte de las guerras religiosas, hay otros hechos históricos que marcan las memorias de manera definitiva, a través de los siglos e implican a ciertos miembros de un clan (¿por qué justamente a ellos?), los cuales se ven seriamente afectados.

Entre los episodios terribles de la historia, se cuentan la Revolución francesa, las hambrunas, las grandes epidemias, las guerras napoleónicas, las guerras civiles, las colonizaciones, las dos guerras mundiales, la Revolución rusa, el genocidio armenio, la guerra civil española, la guerra de Indochina, las limpiezas étnicas como la de los judíos y los movimientos de resistencia. Los datos más recientes influyen en las biografías personales, no en la transgeneracional.

14 de julio de 1789: Toma de la Bastilla.

21 de enero de 1793: Ejecución de Luis XVI.

1805-1814: Campañas napoleónicas.

1830: Crisis económica, hambrunas, barricadas, conquista de Argelia.

1831-1832, 1847-1848: Epidemias de cólera, cadáveres amontonados sin ceremonia alguna.

19 de julio de 1870: Pérdida de Alsacia y Lorena, sitio de París del 13 de septiembre al 28 de enero de 1871. Migración de alsacianos hacia Argelia.

1882: Colonización de Indochina.

El siglo XIX fue el siglo de la tuberculosis, esa grave enfermedad que acababa con la vida de jóvenes, niños, mujeres y artistas. J.P. Vigouroux en

Grand-père décédé –stop– viens en uniforme, muestra la repercusión de la tuberculosis en el entorno. El autor describe magistralmente la devastación emocional, el lento agotamiento que produce esta enfermedad, carcomiendo el interior de las familias con tormentosos sentimientos de injusticia, de desolación y de impotencia. Los descendientes de esos tuberculosos pueden ser personas que quizá trabajen en las minas, grandes fumadores con enfermedades pulmonares, gente propensa a la bronquitis o al asma. Aun con una predisposición genética favorable, el descubrimiento de la causa genealógica produce un notable efecto sobre los síntomas, que se suavizan o desaparecen como por arte de magia. El lazo identificador reconocido con el ancestro corta el cordón de la lealtad invisible. Los problemas de asma pueden, así, provenir, de abuelos gaseados durante la Primera Guerra Mundial; como las secuelas de estas agresiones sobre el sistema respiratorio continúan operando, podríamos asistir entre los años 2014-2018 a un síndrome de centenario con un recrudecimiento de estas afecciones físicas. El conflicto es siempre una pérdida de territorio, de amenaza en el espacio geográfico sin posibilidad de defensa, los pulmones son como una prisión, caja torácica, en la que uno se imagina encerrado sin posibilidad de salir.

Guerra 1914-1918: Constatamos recaídas en los descendientes.

1-3 de agosto de 1914: Movilización general, declaración de guerra.

1915: Guerra de trincheras, gas, inicio de una epidemia de tifus que impedía beber agua en las trincheras. Mucha gente murió de sed y, paradójicamente, las generaciones siguientes serían alcohólicas.

24 de abril de 1915: Masacres en Armenia, la población huía en circunstancias dramáticas, pasando por horrores indecibles. Muertos insepultos, abandonados en el camino, durante su éxodo y que, sin embargo, no fueron olvidados. Sobrevivieron, por ejemplo, en la elección de nombres, como el de Silvia. Se traficaba con las identidades, las filiaciones se cortaban, causando fracasos y dificultades escolares en los niños.

1916: Verdún, los Dardanelos, la gripe diezma las tropas, enormes pérdidas de hombres.

1917: Masacre del Chemin des Dames. Soldados gaseados. Enfermedades respiratorias como bronquitis y asma garantizadas por una parte de los descendientes. Revolución rusa: pérdida de todos los ahorros y de los créditos rusos, con mucha gente arruinada. Supervivencia de este dramático acontecimiento mediante matrimonios con rusos o con nombre rusos como Iván, Natasha o Boris.

11 de noviembre de 1918: Declaración del armisticio; Alsacia, perdida en 1871, vuelve a ser francesa. Las familias se reencuentran.

Las personas nacidas o concebidas hacia el 11 de noviembre en Francia tienen, seguramente, alguna relación con la guerra, salvo en casos específicos, igual que los que nacen el 1 de noviembre tienen relación con lo muertos, tanto si son miembros de la familia como los difuntos en general. La manifestación de estas verdades cambia la vida de la gente. Aliviados por el descubrimiento, son capaces de llevar a cabo acciones que nunca hubieran pensado, ya que sus inhibiciones desaparecen.

1929-30: Crack de la bolsa de Wall Street, en 1929. La crisis económica llega a Europa, muchos se arruinan, se suicidan, se ven obligados a malvender su patrimonio, a cambiar de vida y a partir de cero. Para sus sucesores, la relación con el dinero será conflictiva: si ganan dinero no lo podrán o no lo sabrán disfrutar, no conseguirán adquirir bienes y siempre tendrán miedo a perderlo. Retenidos por las redes del pasado, obedecerán a la transmisión transgeneracional.

1936: Guerra civil española.

3 de septiembre de 1939: Declaración de guerra.

5 de junio de 1940: Éxodo.

18 de junio de 1940: Se organiza la Resistencia, los judíos son deportados conjuntamente por las milicias alemana y francesa.

22 de junio de 1940: Armisticio.

8 de mayo de 1945: Final de la guerra con victoria de los aliados.

1946-1953: Guerra de descolonización de Asia.

1954: Inicio de los atentados en Argelia.

1957: Batalla de Argel.

1962: Repatriación de los franceses de Argelia; para los *pieds-noirs*, regreso a la metrópolis. Problemas de adaptación a la llegada a Francia. Nostalgia del pasado, sentimiento de abuso por la política francesa y de engaño. Los repatriados y sus descendientes son invitados a consultar los archivos de Outre-Mer en Aix-en-Provence para comprender mejor sus orígenes.

Los episodios de guerra no sólo afectan a los combatientes, sino que familias enteras se ven diezmadas y el odio, avivado tras la fronteras, daña gravemente la esencia masculina o femenina, desde el punto de vista psicológico.

Pondré el ejemplo de mujeres que se enamoraron de alemanes. En Francia, tras la liberación, más de 20.000 mujeres sospechosas de haber mantenido relaciones sexuales con algún alemán fueron señaladas, les raparon la cabeza, se les obligó a pasear desnudas por la calle. En las áreas rurales y por miedo a las represalias, muchas mujeres se escondieron, huyeron del pueblo y guardaron en su corazón el secreto.

Los niños nacidos de parejas mixtas fueron entregados a otros padres, confiados provisionalmente y luego olvidados como niños de la guerra. Las parejas entre un prisionero francés y una mujer alemana, entre un trabajador forzado y una enemiga, se verán abocadas a urdir mentiras de filiación por miedo a juicios y consecuencias. Tras estos actos de barbarie los destinos se verán desgarrados, el sentimiento amoroso se abortará y la sexualidad se negará. Los descendientes de estas uniones buscarán el misterio de sus orígenes, sin saberlo, escogiendo el alemán como lengua extranjera, yendo a una universidad alemana, haciendo viajes turísticos a Alemania o encontrado una pareja alemana. Buscarán de algún modo la llave del misterio en el extranjero. Cualquier lugar extranjero será llamativo para la memoria del forastero perdido, desaparecido y nunca olvidado. Las alianzas con extranjeros resultan un modo de reparación afectiva. Esta búsqueda aliviará las llagas antiguas que jamás se han cerrado.

Marguerite Duras en *Hiroshima, mon amour,* cuenta la historia de un soldado alemán con una jovencita. Tras la liberación, ella será represaliada públicamente, rapada por su crimen de amor. El sentimiento de vergüenza que sigue a este tipo de procesos marca muy profundamente y crea un sabotaje afectivo de feminidad por parte de las mujeres.

CAPÍTULO VIII

LOS ACTOS SIMBÓLICOS

UNA SOLUCIÓN SATISFACTORIA A LA DESGRACIA

SENTIDO Y FUNCIÓN DEL RITUAL

Para una mejor comprensión de la historia familiar, el ritual facilita la resolución de problemas genealógicos gracias al mundo de los símbolos.

El ritual reemplaza, en el inconsciente, un acto que no pudo tener lugar en realidad, en el pasado, por diferentes razones explicitadas durante la decodificación del genosociograma. El ritual se apoya en la previa búsqueda de un escenario de vida no alcanzado, operando en un ámbito terapéutico. Es preferible no improvisar de una forma brusca, salvo por iniciativas espontáneas como el siguiente ejemplo: un joven de 18 años montó en su casa la farsa de un matrimonio con su prima; esta unión sólo tenía carácter simbólico, no consumado, resultaba válido como acto de reparación para una boda imposible en el árbol, que no pudo tener lugar en el pasado entre dos primos hermanos, a causa de la oposición familiar. Este chico no sabía nada de psicogenealogía, pero le pareció una buena solución adaptada al conflicto. Si la solución no es fácil de determinar, la observación de las reglas, la deontología, garantiza el resultado al término del procedimiento. Por el contrario, el ritual poco ajustado a la situación pasada no actúa de manera adecuada.

La elección del ritual, en función de la demanda inicial, debe concertarse con el paciente, en el momento oportuno, procura efectos inmediatos con algunas recaídas en los meses sucesivos para el entorno. El beneficio real lo disfrutarán las generaciones venideras. Existen diversos tipos de ritual, pero voy a presentar los principales:

— El ritual funerario.
— La celebración de una boda.
— El nacimiento a término.

El procedimiento ritual actúa eficazmente en el imaginario de la persona, el inconsciente familiar se ve liberado de las marcas del pasado. El cerebro capta las imágenes, las metáforas inducidas por el dispositivo y las registra como una realidad tangible. El aspecto simbólico borra el antiguo esquema, memorizado, y propone un escenario nuevo en su lugar, más adaptado a la vida del paciente. El ritual define el proceso según el cual una traza material reemplaza una información antigua. En ese sentido, el dispositivo tiene por objetivo liberar las energía retenidas a fin de permitir la reparación con carácter definitivo en el árbol, sin desplazamiento de síntomas. El símbolo abre perspectivas a posicionamientos diferentes, de acuerdo con las necesidades del consultante.

Ejemplo de ritual para las novias eternas: el caso de Adeline

Una jovencita, Adeline, nacida el 24 de junio de 1974, está desolada porque no encuentra el hombre de sus sueños. Deseando intensamente casarse, siempre le salen obstáculos –o se los crea– y no puede llegar a realizar su máxima aspiración. La observación de su genosociograma descubre una problemática anterior. Adeline vivía en perpetua fidelidad a una tal Eléonore, que era una hermana de su abuela materna. ¿En qué momento se sitúa la escena? La escena se desarrolla durante la guerra de 1914. Eléonore conoció a un joven oficial recién salido de la escuela militar, Gustave, y fueron presentados por su hermano. Aunque se conocían poco hicieron buenas migas y cuando Gustave fue movilizado al frente del norte, allá donde los combates eran más sangrientos, se hicieron promesas mutuas y siguieron una relación amorosa a través de cartas, esperando el fin del conflicto para casarse.

Eléonore rezó mucho, se encontró con su novio durante un permiso, se besaron y se prometieron fidelidad. Sellaron así su compromiso, nacido de la guerra franco-alemana. Desgraciadamente, Gustave, el bravo y valeroso soldado, murió en 1916 sin que Eléonore pudiera darle su último adiós. ¡Fue algo terrible! Eléonore quedó realmente destrozada por el golpe de la mala noticia, tan contenta que estaba, y se sumió en la desesperación. Experimentó un tremendo sentimiento de impotencia, de odio feroz contra la guerra, vivió una sensación de profunda desposesión, verdaderamente le habían arrancado el corazón. Llegó a preguntarse si tenía derecho a la vida o si merecía la pena seguir viviendo. Así fue sobreviviendo, incubando rencor y amargura mientras esperaba un regreso imposible: Penélope esperando a Ulises.

Nuestra consultante, Adeline, también estaba en posición de espera, pero no sabía por qué. Será consciente del duelo no cumplido, del desconsuelo de su tía abuela y del fatal resultado de su historia de amor. La aplicación de dos rituales parecía útil para acabar con este problema. En primer lugar, la boda de los novios y, en segundo lugar, un funeral por el marido muerto. La joven Adeline estaba en contacto directo con su tía abuela, inconscientemente; ella representa la niña que la infeliz pareja nunca pudo tener. Adeline estaba viviendo un escenario propio de tres generaciones atrás. Ayudada por el conocimiento de la problemática transgeneracional, la consultante pudo entrar en la memoria del pasado y mirar de frente la pena de amor de su antepasada. Como La Bella Durmiente pudo liberarse del sortilegio que la mantenía prisionera de esos lazos que no eran los suyos. Adeline quería vivir su propia vida como mujer y soltar el peso del fardo que había heredado. Después se produjeron felices cambios en su vida, dejó la casa de sus padres, se liberó de los lazos tóxicos y encontró un compañero con el que se fue sin miedo a estar traicionando a ningún pariente, en este caso la pareja Eléonore-Gustave.

LA ESCRITURA DEL ESCENARIO VITAL

La escritura, fuente de creatividad, prioriza la expresión del inconsciente familiar, explica la historia de nuestros ancestros, pone orden en los datos y nos da la certidumbre de tener la información esencial para la comprensión de nuestro destino. La escritura nos pone cara a cara con los ancestros, promueve el diálogo con los ascendentes. Los que no acabaron su trayectoria vital natural, héroes o heroínas, son asiduamente buscados en los árboles genealógicos y el trabajo de elaboración ayudará a decodificar las creencias, maldiciones, leyendas familiares que obstaculizan el crecimiento de proyectos personales.

El escenario, así, actualiza la proyección de marcas sensibles, siguiendo los testimonios recibidos y los documentos que tengamos a nuestra disposición. En ausencia de elementos biográficos precisos, la intuición o la imaginación del paciente serán de utilidad para que, sobre el papel, se pueda recomponer una sinopsis. Contrariamente a lo que se suele pensar, no hay árboles genealógicos perfectos. Siempre hay errores de filiación y, en un estadio u otro, resultan datos ficticios, pero también hay que tener en cuenta que las raíces —no necesariamente las derivadas de lazos de sangre— desempeñan un papel preponderante y no aparecen en el árbol por casualidad. Preciso decir que si los padres y las madres no siempre son los progenitores biológicos, la ficción no impide la transmisión de la memoria genealógica.

Estas correas nos ayudan a parir la verdad, a la manera de Sócrates, ese sabio filósofo de la antigüedad griega que inspiró la filosofía de Platón. Sócrates se inventó el arte de «parir el alma», actualmente llamado mayéutica, porque su madre era comadrona. Su método se basaba en la oralidad, donde la respuesta está contenida en la pregunta formulada. Hay que hacer las preguntas adecuadas para que la respuesta sea clara. La psicogenealogía le rinde un homenaje, en efecto, porque esta nueva disciplina se desarrolla mediante una serie de preguntas ordenadas unas en relación a las otras, formando así los interrogantes un circuito dialéctico lógico, donde cada elemento refleja el conjunto de la historia familiar.

Esta incesante fuente de sorpresas, salida de la filosofía occidental más antigua, es la búsqueda de los ancestros. Nos interesarán hasta los menores movimientos que éstos hicieran, sus pensamientos más secretos, sus objetivos no conseguidos, lo que hacían a la chita callando. Estas preguntas sobre la vida, la muerte, la pasión, la libertad, la metafísica, la cultura, conducen al paciente a iniciar una suave búsqueda de sus ancestros y sus existencias, sus ideales, como un medio de subsistencia. La búsqueda del sentido secreto de las cosas es apasionante, como una auténtica novela filosófica. Todas estas preocupaciones nos hablan de la condición humana y descubrir a través de la escritura una nueva mujer, un hombre o un niño en una rama concreta del árbol, acaba siendo como un trampolín hacia la sabiduría.

La escritura del escenario biográfico, con tintes afectivos, revela sutilezas de la vida cotidiana, aspectos insignificantes, aunque ricos, de la vida de un ancestro, que vale la pena revisar. La sinopsis se aplica a describir los sentimientos, las emociones más profundas, la personalidad desconocida tras la máscara social, tras la persona de Jung. Esta rareza del ser lleva al conocimientos de uno mismo y construye un puente entre presente y pasado, durante la búsqueda. La persona escogida para ponerse en el lugar del héroe es: «yo», la primera, cuando hay identificación con el personaje del árbol, o «él/ella», la tercera, cuando se mantiene la distancia. La redacción implica la emoción del consultante, las lágrimas pueden brotar cuando se evocan momentos dolorosos, ira contenida o alegría, como pasaría en la vida misma.

El consultante va a su ritmo en esta inmersión hacia su alejado ancestro, como si fuera muy próximo. Cuando el escenario se acaba no siempre se sigue con el ritual. Sin embargo, es interesante proseguir con el trabajo porque, en ocasiones, el crecimiento personal exige un compromiso más profundo. El proceso es un recurso del amor que responde a las necesidades del árbol. El escenario, como las cartas firmadas, activa movimientos internos en el campo generacional, atestiguando un intercambio recíproco de afectos, donde se encuentran desde esperanzas perdidas a odios arrebatadores, donde aparecen conflictos subyacentes y reproches silenciosos. Devolverle la voz al ausente es como volver a darle vida, expresar en su lugar las faltas de afecto, las heridas sufridas, las cicatrices sin curar o el veneno del resentimiento.

PROTOCOLO DE RITUALES

EL RITUAL FUNERARIO

El ritual funerario es una ceremonia que se lleva a cabo en memoria del difunto para rendirle un último homenaje, el último adiós: puede tratarse de una cremación, de una inhumación o de la dispersión de sus cenizas en algún lugar predilecto. El procedimiento se elabora de acuerdo con el consultante porque las exequias tendrán incidencia en el patrimonio familiar. El orden en el procedimiento es la garantía de su buen desarrollo. Las diferentes fases se desarrollan como sigue:

Hacer una lista de los elementos biográficos del personaje que no pudo ser enterrado en ese momento, adaptarse a los ritos funerarios de la época del personaje según su cultura y la fe familiar (religiones y creencias diversas). Las indicaciones del consultante verifican que *el duelo no pudo terminarse*, a veces ni siquiera se empezó. La práctica se lleva a cabo en dos fases: primero se establece un dispositivo fabricando una figurita que represente al difunto, escribir dos cartas de adiós y preparar un objeto que sirva de ataúd; después hay que implicarse físicamente, exteriormente, en la ceremonia del funeral. Para ello hay varias modalidades:

Elección del objeto funerario

Propongo la fabricación de una figurita, preferiblemente de arcilla (por la tierra, la matriz primordial, las raíces), o bien con pasta de modelar o pasta de papel o cualquier material que tengamos a mano para darle forma, porque el cerebro es sensible al volumen. Gracias a esta representación, se pueden liberar afectos congelados, pueden proyectarse, a veces incluso una foto puede encarnar al difunto. Las personas reticentes a la fabricación manual pueden comprar las figuritas ya hechas, o muñecas. La muñeca se colocará en una caja que simule un ataúd en miniatura, dos cartas de adiós –la del consultante y la del difunto– que se meterán en el ataúd con la figurita.

Las cartas de adiós, deber recíproco de los vivos a los muertos

Las cartas de adiós evocan el deber recíproco del culto de los vivos a los muertos y el que rinden los muertos a los vivos. Ambos mundos coexisten, a través de ese juego de equivalencia alquímica que dice que lo que está abajo es como lo que está arriba, el cielo y la tierra se comunican. Los vivos incitan a las almas errantes a dejar el mundo terrestre para cruzar al «más allá» y les piden, a cambio de oraciones, cruzar al otro lado para no molestar a sus descendientes.

Para significar el fin del duelo, el consultante debe escribir las dos cartas, la primera redactada en nombre del difunto y la segunda en nombre propio. De este modo podrán decirse el uno al otro palabras de tristeza, de consuelo. Cada carta da fe de la desunión afectiva y física definitiva, el corte del cordón umbilical. La obligación que se le impone al difunto, a través de la carta en la que se le invita a irse al reino de los muertos, según las creencias de cada familia. Para los zombies es una suerte poder renacer en el reino de los muertos; según el *Libro de los Muertos* de los egipcios, el *Amenti* es el lugar donde residen los muertos. El ritual simboliza una purificación, una limpieza iniciática del árbol. «No he podido penetrar esas puertas de marfil y hueso, que nos separan del mundo invisible, sin estremecerme», escribió Gérard de Nerval en *Aurélia*, que forma parte de su obra *Filles du Feu*. Lo invisible es visible para los ojos que saben ver.

El ceremonial

La figurita en la caja-ataúd debe enterrarse o incinerarse, según el rito escogido y las costumbres de cada cultura, por ejemplo, siguiendo el rito católico o el protestante, musulmán, judío, hinduista, budista, animista, etc. Después de haber vivido diez años en la isla de Reunión, en el océano Índico, conozco bien los diferentes cultos rendidos a los muertos y el respeto a las tradiciones. En España, el entierro es la costumbre más repartida, según la religión católica mayoritaria.

La celebración de los funerales

Preparado todo el dispositivo, empieza la ceremonia. El entorno se compone de los miembros de la familia, amigos, gente de confianza y todo el mundo participa de la ceremonia mortuoria. Se hace un agujero en la tierra, que servirá de sepultura para el ataúd. Gestos de recogimiento, palabras de circunstancias, ofrendas y oración fúnebre serán la garantía del buen desarrollo dentro de las reglas previstas para la ceremonia.

Las condolencias pronunciadas, la emoción del momento compartido sinceramente, el calor de los presentes, hace que la ceremonia sirva para todos los duelos en suspenso del auditorio, todo el mundo participa. La presencia es, ante todo, corporal: las manos se juntan, la ternura compensa los vacíos en la memoria, los besos son un bálsamo para el corazón, caen las lágrimas, se hacen nudos en las gargantas y el pecho se hincha y el silencio nos recuerda lo sagrado del momento, la catarsis próxima, el último viaje después de la vida, la travesía en barco de los egipcios.

¿Quién no llora? ¿Quién no tiene un ser querido enterrado? ¿Cómo no sentirse emocionado? Es una extraña sensación, esa angustia ante la muerte, el miedo a morir algún día. La paradoja filosófica, el hombre situado entre lo infinitamente pequeño y lo infinitamente grande, Pascal nos reveló nuestra humilde condición en sus *Pensamientos*.

Cumplida la ceremonia, los participantes se separan con el corazón abierto de par en par. En psicogenealogía, el consultante se convierte en actor de su propia vida. Con los funerales se dramatiza el pasado para aliviar el peso con el que se ha estado cargando. Esta comunión, contrato cerrado con el difunto, deja una plaza vacante y permite al descendiente *el derecho a ocupar otra plaza*.

Consecuencias del ritual

Dado que el tiempo no existe, el ritual responde a la lógica del inconsciente, el presente borra el efecto del pasado. Las imágenes captadas reemplazan el vacío de antaño, colman la ausencia de datos memorizables, nutren el imaginario del consultante, que estará disponible para una nueva dinámica. La afirmación de uno mismo es relanzada allá donde antes todo era estancamiento a causa de la imposibilidad para hacer el duelo. El ritual tiene un valor de signo y de símbolo, dos modos esenciales para la comprensión de nuestras desgracias. Lo que retiene el consultante sobre un siglo, 40, 20 años antes, se borra sin riesgo de desplazamientos del síntoma. Poner fin a un alma errante de la familia, haciendo que muera en la conciencia familiar, permite la libertad en nuevas bases con puntos de referencia espacio-temporales mejor adaptados. Solución a la fatalidad, el dispositivo aplicado deshace nudos, despeja bloqueos, prepara a la gente para que vivan su vida plenamente, de manera más adulta, más autónoma, etimológicamente, darse a sí mismo leyes propias.

El caso de los muertos sin sepultura

Quisiera explicar ahora la historia de Paul como origen de mi nombre, Paula. Era un hombre joven y guapo, lleno de vigor y coraje, sobrino de mi abuela, primo de mi padre. Aunque vivía en Argelia, al abrigo de los combates, cuando supo cómo iban los acontecimientos se alistó en el ejercito francés con 18 años, regresó a la madre patria y lo mandaron a Alsacia para combatir en Estrasburgo. En mayo de 1945 sonaban las trompetas de la victoria y cesaron las hostilidades. Pero, paradójicamente, los soldados seguían combatiendo en el campo de batalla. Mientras en París se gritaba por las calles «Viva la victoria», Paul moría en 8 de mayo de 1945. ¡Que decepción! ¿Qué se podía celebrar en la familia, la victoria de la guerra o la muerte del hijo? ¿Qué consuelo se iba a encontrar? Según mi abuela, no había consuelo posible. Esta historia pasó al inconsciente familiar por la línea paterna. Paul me transmitió su nombre y llevo conmigo el fantasma víctima de una guerra que desapareció en combate y quedó insepulto. El nombre de mi hermana, Colette, significa victoria y se casó con un Jean-Paul, mi segunda hija nació el dia de san Pablo en la isla de Reunión. En la memoria familiar, Paul está santificado y jamás se le olvidará. Para borrar la transmisión transgeneracional, se hizo necesario un ritual funerario. Mi programa, al nacer, contenía las exhortaciones: «Lucharás como un hombre», «toda tú serás valentía y coraje», «en la vida y en la muerte, sin miedo».

El caso de Paul, muerto insepulto en la guerra de 1939-1945

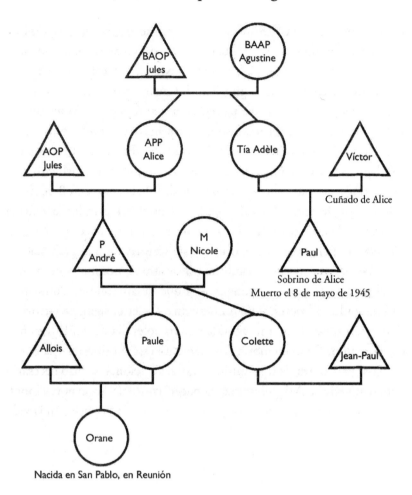

Los muertos insepultos en el árbol genealógico

Los muertos sin sepultura, según la hipótesis psicogenealógica, molestan a los vivos en forma de almas en pena, son los fantasmas de toda la vida. Los vivos, por su parte, dolidos por no haber podido superar el drama, mantienen el culto al desaparecido.

La dificultad reside en la falta de material: ¿dónde está el cuerpo? Sin un cuerpo físico y real, el cerebro no capta la información del deceso. No hay velatorio, sin cuerpo, ni un último adiós; el muerto insepulto transita, en el corazón de sus descendientes, nutriéndose de sus emociones, hasta el día en que un ritual libere al descendiente de este proceso de cohabitación, a su pesar, y concluya de manera tanatológica el duelo latente. La ofrenda sagrada de una sepultura, durante el ritual, soluciona definitivamente el problema del alma errante por la ausencia de un ceremonial privado. El dolor íntimo por la desaparición de seres queridos se guarda en el fondo del alma.

Pero también sucede que algunas personas desaparecen del ámbito familiar sin avisar, sin que estén muertas necesariamente. En todos los árboles hay historias así. Simplemente se van y no dan señales de vida, rehacen sus vidas sin mirar atrás y nadie sabe lo que les ha pasado.

Ese sufrimiento es el mismo que podemos sentir por parientes que entran en coma o por familiares internos por haber perdido la cabeza: todos ellos forman parte del mismo grupo. La diferencia la marca que, en los casos de coma o internamiento o Alzheimer, los cuerpos están a nuestro alcance, podemos verlos y tocarlos, es su mente la que nos ha abandonado. Como no se comunican con nosotros el resultado es igual de cruel: es una amputación. No podemos hablar de ellos por miedo a reavivar la tristeza, quisiéramos olvidarlos, ignorarlos, pero en el fondo no es posible. ¿Dónde están nuestros maridos, hijos o hermanos queridos? Sólo con nombrarlos nos echamos a llorar. Cuando desaparecen físicamente, hay una duda eterna que atormenta: «¿Y si un día vuelve?». El acto oficial de la declaración del deceso no basta, siempre nos quedará la duda: ¿Será realmente él, no habrá algún error?». Se insinúa la negación, puede haber habido una confusión de identidades, cómo se puede reconocer un cuerpo destrozado entre tantos otros cuerpos en un campo de batalla, por ejemplo. ¿Era realmente él?

Los muertos insepultos cuentan, sin lugar a dudas, el doble que los otros porque su presencia es absoluta.

Causas y efectos del duelo no cumplido

El duelo no cumplido está en relación con la edad del fallecido, con su orden de llegada en la fratría, su estatus dentro de la familia, el sexo, la situación familiar en ese momento, la posición social, el contexto socio-económico, la intensidad de los sentimientos, la furia de las emociones, la causa de la muerte –violenta o imprevista–. ¿Quienes son esos inocentes perpetuamente añorados, esos angelitos desaparecidos?

- **Los muertos al nacer:** no declarados, que nunca han alcanzado el estatus de individuo existente, no suelen ser enterrados y a veces ni siquiera llegan a tener nombre. Sin embargo, necesitan sepultura y un nombre que tenga sentido para el consultante. Aplicar el ritual adecuado.
- **Los bebés que mueren:** deben incluirse, evidentemente, en las ceremonias funerales. Cuentan el doble porque, apenas nacidos, desaparecen para siempre. Las que más lloran interiormente, sin consuelo y para siempre son las madres. Es interesante buscar también el portador del complejo de superviviente. ¿Quién, en la fratría, tiene este complejo y quién es el niño de sustitución, si lo hay? La mayor parte de las veces, esos bebés muertos dejan tremendas depresiones en la familia.
- **Los niños que mueren:** no hay consuelo posible. El hermano o hermana que nace después suele llevar su nombre. Hay que descubrir qué se esconde tras la repetición identitaria. El muerto es endosado a alguien, a un embrión por ejemplo, con toda su corte de expectativas insatisfechas. No es frecuente que el duelo tenga lugar a su ritmo en estos casos.

Los niños que mueren muy pequeños y los bebés dejan cicatrices indelebles, particularmente los primogénitos porque son los más deseados. Tanto si el difunto es niño como niña, el dolor repercute en varias generaciones descendientes. Las madres que mueren de parto dejan tras de sí terribles depresiones que afectan a la fratría. Las creencias, en este punto, son variables importantes. A veces se cree que el sexo del niño puede causar la muerte de otro pariente y se prefiere, inconscientemente, evitar la repetición de la secuencia.

El niño de sucesión que llega tras la muerte de un niño muerto: tomemos el ejemplo de Louis, un niño de sucesión o niño de reemplazo. Su destino estuvo ligado a la muerte precoz de su hermano mayor, al que jamás conoció. En efecto, Louis era el séptimo hijo y llevaba consigo la memoria de su hermano, también llamado Louis. Ese pequeño nunca fue enterrado. La sesión, para el consultante, planteó un problema con el lugar, el nombre y la búsqueda de identidad. Los padres de Louis se querían, le querían a él y ya no tuvieron más hijos. Para ellos el círculo estaba completo: Louis se llamó el primero y Louis se llamó el último, el último era el primero.

Louis se llamó así en memoria de su hermano mayor

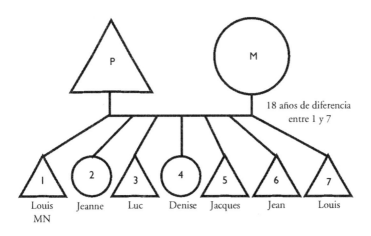

- **Los adolescentes muertos:** han vivido muy poco y no han podido cumplir con el papel asignado por las generaciones precedentes. Una vez muertos ¿quién retomará la llama de su misión? La cosa se complica si además eran hijos o hijas únicos, porque no tienen sucesores posibles en la fratría. Su inconsciente no pudo responder al programa que le dieron al nacer. Durante su concepción, recibieron un programa de éxito social, por ejemplo, que no les correspondía. Al morir escapan a este nombramiento moral o afectivo por parte de uno de los padres o de ambos. La rama era demasiado pesada y, a veces, la muerte y la desaparición es la única salida. Las familias experimentan un dolor intenso, un vacío que nada puede llenar y que desequilibra la balanza de deudas y méritos. Si el joven muerto era hijo único o si tiene un hermano de diferente sexo, éste no podrá ser heredero de su programa inconcluso, por la diferencia sexual.

Por otra parte, he podido constatar que se exige mucho más a los hijos. En razón de la tradición cultural, son percibidos como héroes, fundamentalmente porque han desaparecido en la flor de la vida, se les pone en un pedestal y se idealizan. Para las generaciones futuras, la secuencia puede dar resultados felices, con uniones amorosas en la misma edad del difunto para colmar su deseo de amar nunca conseguido. Claro, que también puede ser a la inversa y sus descendientes verse sometidos a pruebas desagradables, como accidentes, con la edad del difunto. Esos jovencitos eran demasiado apasionados, demasiado guapos, demasiado buenos como para morir tan pronto, así que captaron inconscientemente un mensaje de muerte prematura, en lugar de una incitación a vivir.

En psicogenealogía, la muerte no es fruto del azar, se entiende como la consecuencia de una cadena generacional de causas y efectos, resultado de una predeterminación. Esta especie de parrilla de mensajes escapa, naturalmente, a primera vista, al consultante.

Número de hijas e hijos: los desfases son sospechosos siempre y deberemos buscar el misterio cuando constatemos un desequilibrio en el recuento de niños, según su género.

— Solamente niñas, solamente niños.
— Muchos hijos de un mismo sexo y unos solo del otro.
— Hijos e hijas únicos.

Otras razones intervienen en el número de hijos y en el sexo de los mismos: si no nacen hijas conviene buscar un incesto en el árbol; si no nacen varones hay que buscar muertos en la guerra. Las muertes consecutivas de niñas y niños al nacer entrañan la creencia de que tal o cual sexo o de gemelos, comportará desgracia. El número de hijos e hijas se restablece, a menudo, por la elección de alianzas y el salto generacional.

LA DESAPARICIÓN DEL SOSTÉN FAMILIAR Y EL SENTIMIENTO DE ABANDONO

Cuando un hombre, sostén de la familia, desaparece súbitamente sin que nada hiciera sospechar que iba a dejar a su familia, se produce un desastre en la familia celular y en todo el árbol genealógico, porque las posiciones de unos y otros se tambalearán.

Tomemos el ejemplo de Marie: esta mujer consultó porque sentía una gran sensación de abandono; sentía incomodidad en su vida cotidiana y necesitaba saber qué pasaba en su árbol. Tras haber descubierto la destreza de su abuela paterna, Marie-Jeanne, tras la muerte de su marido Gabriel, descubrimos los mecanismos inconscientes y los esquemas que se derivaban.

Marie-Jeanne era madre de tres hijos, Jean, Odette y Anne cuando dio a luz a su última hija, Lise. Aún no recuperada del parto, tuvo una mala noticia: su marido Gabriel, padre por cuarta vez, había muerto en un accidente con el tractor. Una muerte violenta sin un adiós. Marie-Jeanne se consoló como pudo y tuvo que convertir a su hijo mayor, Jean, en sustituto de su padre para ayudarla en la granja. Así, Jean se convirtió en el sostén de la familia con 17 años. Cada vez que unos de sus descendientes tenga 17 años, experimentará alguna tristeza ¿Por qué razones? La muerte súbita de Gabriel hizo tambalearse el árbol; Jean se encontró, de repente, en la posición de su padre y, así, su propia hija Marie se convirtió en su hermana. Este desequilibrio condujo a relaciones inconscientemente incestuosas entre hermanos y entre padres e hijos. Nuestra consultante, Marie, lleva el mismo nombre que su abuela y, con los datos recopilados, constatamos la confusión generacional. Marie, hija de Jean, ¿desempeñó dos papeles diferentes? La hipótesis es que se estableció una relación incestuosa simbólica, explicable por el hecho de que Jean, obligado a dejar de ser «el hijo» para convertirse en «el padre», se desligó de sus hermanas por deseo de la madre, que lo necesitaba para ella sola. ¿Qué representa Marie en el plano simbólico? ¿Por qué sentí esa sensación tan tremenda de abandono? Nuestra consultante está, para concluir, en el lugar de las tres hermanas abandonadas por el padre. Una vez decodificada esta información, la paciente vivirá su vida tranquilamente.

El caso de Marie: posiciones reales en el momento del deceso de su abuelo paterno, Gabriel

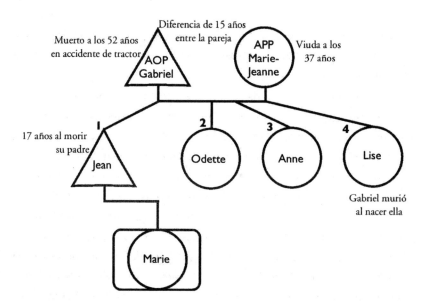

Gabriel dejó una viuda de 37 años con cuatro huérfanos, de los cuales tres eran niñas. Su único hijo, Jean, era el único susceptible de reemplazar a su padre porque era varón y porque era el mayor, con 17 años ya podía hacerse cargo de la granja y del sustento familiar. Al mismo tiempo será el compañero de su propia madre, «su nuevo maridito» en la casa. Vemos las consecuencias del nuevo posicionamiento en el árbol con el esquema de posiciones simbólicas. El padre de Marie –la consultante– sube una generación al reemplazar al padre y se convierte en el marido simbólico de su madre, pero como sigue siendo el hijo de su madre-esposa, Marie –hija de Jean– queda en la posición de una hermana más, junto con sus tías.

Comentario: La problemática del desfase se remonta, por lo menos, hasta la generación de los tatarabuelos. En efecto, la pareja de abuelos Gabriel/Marie-Jeanne ya tenían un desequilibrio generacional con 15 años de diferencia. Marie-Jeanne no resolvió su complejo de Edipo para con su padre, por eso Jean ya tenía un destino bastante feo desde su concepción. Marie-Jeanne se llevaba 20 años con su hijo y ella se situaba entre dos generaciones, entre el padre y el hijo. Por lo tanto no estaba en su sitio. Éste es otro caso de confusión generacional.

Por otra parte, el abuelo Gabriel era el pilar económico de la familia, era el que llevaba dinero a casa. El efecto rebote puede hacer que los descendientes afectados escojan un oficio relacionado con su ancestro, por ejemplo en este caso serían profesiones relacionadas con la salud, como medicina, enfermería o cuidador. El genosociograma subraya la importancia del papel de padre, en el momento de la muerte, porque sin él la situación se vuelve muy complicada para la familia. Todo el equilibrio de la rama reposaba sobre él y el resto de miembros quedan desamparados, en una frágil posición. La madre podría haberse apoyado en su nuevo bebé y usarlo como antidepresivo. Esta actitud, bastante frecuente, se da cuando llega la muerte de la pareja o una separación inevitable como en una migración y suscita procesos de parentificación, roles paternos aplicados a los hijos. Los niños amputados de su inocencia llevan al padre o madre heridos en el interior y mantienen siempre una actitud vigilante en sus vidas. En el caso que nos ocupa, Lise, la hija de Marie-Jeanne, habría cargado con su madre, creyendo estar viviendo sus aspiraciones de hija. Habiendo aprendido demasiado pronto a cargar con la cruz de otro, continuó más tarde haciendo de sostén para los más desfavorecidos. Bien llevada, la experiencia puede resultar positiva y resultar una buena terapia anímica.

En la historia de Marie, el sentimiento de abandono, la dependencia afectiva, es inevitable. Este esquema de comportamiento se reactivará cada vez que una nueva separación no prevista se produzca en su vida, circunstancia que se verá favorecida, desde luego, por la elección de parejas con tendencia a irse o a poner al otro en situación de falsas esperanzas. El desequilibrio generacional representa un cambio de posiciones en el rango de nacimiento mediante saltos generacionales y se produce por un descalabro familiar inesperado. Nuevas posiciones, llamadas simbólicas, se adoptan de manera inconsciente. Debe ponerse orden a tal confusión.

A veces, el origen de la confusión es una tristeza, como en el caso de un matrimonio con un hombre muy mayor. ¿Quién reemplaza al padre que nos falta? La causa de esta unión puede remontarse en el tiempo. Una chica que pierde a su padre a una edad precoz sufre un abandono y necesita compensarlo, por ejemplo, casándose con un hombre mucho más mayor. El padre real, el biológico, puede haber sido un hombre ausente en su papel de padre, pero esta explicación no basta en psicogenealogía. Para que el efecto desaparezca deberemos buscar la causa más antigua. Ilustremos la teoría mediante el caso de un matrimonio cuya diferencia de edad era de una generación. Se trata de Emile y Jean-Luc. Primero se casó con un hombre 15 años mayor que ella y, tras divorciarse tempestuosamente, se casó con Gérard, 20 años mayor. El análisis de su genosociograma reveló varias niñitas abandonadas por sus padres en el árbol, de manera que la situación era repetitiva. La separación es un sufrimiento que ni se cura ni se piensa. El sentimiento de abandono se fundamenta en dos factores, una realidad vivida y la ilusión, la angustia de la pérdida, lo que significa que, aunque la persona esté viva, la creencia nutre la aguda pena, el *leitmotiv*, lo irreparable «jamás volverá». El sentimiento de desgarro es buena prueba de una separación antigua que revive un calvario eternizado. ¿Cómo se dará cuenta el consultante? Superponiendo las dos situaciones, con ayuda de un calco o de otra hoja, el paciente confeccionará las posiciones simbólicas.

Entre las experiencias de duelo no resuelto, salvo los casos de niños muertos, adolescentes fallecidos y adultos tutelares, también nos encontramos con muertos peculiares como los suicidas. Se calla su nombre, se habla de ellos con la boca pequeña, sin querer hacer ruido.

— **Los suicidas:** los católicos no autorizan el entierro de un suicida en tierra santa por eso se les enterraba a escondidas, por la noche, sin poner su nombre en la tumba. Es importante descubrir las causas precisas y el contexto del suicidio: ahorcamiento, arma de fuego, arma blanca, pastillas, intoxicaciones, coche, asfixia, comando kamikaze, deporte extremo o cualquier otra forma que deberá determinarse.

Sobre todo en los casos de los ahorcados, establezco un paralelismo entre las historias familiares y los bebés que nacen con el cordón umbilical enrollado en el cuello, con problemas de cuello, de cervicales o de alimentación: los casos de incesto. Es como si relacionase al suicida que «pende» con la «dependencia» de otra persona. ¿Quién es el ahorcado en la familia (la carta 12 del Tarot)? ¿Qué historia de suicidio se esconde en el desván del árbol?

En algunos pueblos hay una «casa del ahorcado» que suelen comprar siempre los extranjeros, porque los locales dicen que vivir allí trae desgracias. El suicida (etimológicamente: que se mata a sí mismo) busca su «tú». Hay que observar el lenguaje corporal del consultante: marcas físicas en el cuello, hombros encogidos o caídos, cabeza poco erguida, problemas mandibulares y dentales, gargantillas y cadenas.

EL RITUAL DE LA BODA

La novia eterna o la imposibilidad de formar una pareja

La eterna novia es una mujer soltera, sin hijos, a la que le hubiera gustado casarse pero nunca lo consiguió. Suele ir a consulta a partir de los 45 años o más, una edad fatídica porque sabe que ya ha perdido toda oportunidad de ser madre. Suele preguntarse sobre su pareja ideal, sobre el porqué no ha conseguido fundar una familia, mantiene una cierta esperanza interna porque no hay límite de edades para unirnos con nuestra pareja interior. Ha tenido aventuras, se ha enamorado, pero ningún príncipe era lo suficientemente azul para ella. Esta eterna novia es la hija de una pareja imposible. Eran jóvenes, se querían y se entregaron el corazón. La eterna novia se queda enganchada al árbol, en un rama que no es la suya.

La pareja imposible de Robert y Juliette influyó en Anne dos generaciones más tarde

La historia de Anne aporta comprensión a esta dinámica inconsciente. Mujer elegante y encantadora, con sus cuarenta años, en un momento crítico de la vida, Anne se preguntaba sobre los motivos por los que seguía soltera. No sabía realmente por qué se sentía tan desgraciada cuando hacía balance de su vida. A Anne le gustaba su trabajo, era profesora de letras modernas en el instituto, adoraba a sus alumnos y ellos a ella. Pero sentía la sensación de que le habían quitado algo, de haber pasado de largo por sus aspiraciones y deseos de mujer en el terreno sentimental. La elección de su profesión estaba, sin duda, relacionada con sus identificaciones, la lógica la hizo enseñar letras, las famosas cartas, la correspondencia inter-cambiada entre novios, la pareja que ahora vamos a descubrir:

Las novias eternas

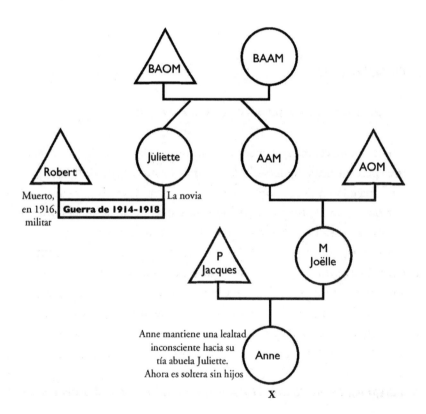

Por convención gráfica, pongo una X para señalar que la rama se para por falta de descendientes. Este corte implica que Anne queda colgando de su rama, estancada en la guerra de 1914. El novio de Juliette murió en Verdún. La pareja Robert-Juliette no pudo existir y Anne se ha quedado en la posición simbólica de la hija que nunca pudieron tener, su estatus es el de «hija imaginaria» de Juliette y de su novio ausente para siempre. Presionada por esta incómoda posición, mezcla de épocas, Anne no pudo vivir su propia vida hasta el año 2000, en que pudo casarse con un hombre al que amaba y formar así una familia. Su imagen de hombre ideal era el reflejo del novio de Juliette, Robert, «el eterno añorado». El celibato de nuestra consultante no se basaba en motivos personales sino que obedecía a una lógica transgeneracional debida a la fidelidad a un ancestro. Esta lealtad invisible opera gracias a un juego complejo de identificaciones inconscientes, de desfases en el árbol, de transmisiones simbólicas difíciles de descifrar sin la ayuda del esquema.

La conclusión demuestra que la hermosa Anne no vibraba por un hombre existente en el presente, sino por un ausente imaginario. Para liberar a esta «linda princesa prisionera de su destino» se tuvo que realizar un ritual de boda. ¿En qué consiste?

La celebración de la boda

La boda representa una alianza, la unión de dos linajes, la concordancia de aspiraciones secretas o no. Existen dos ceremonias, la boda civil que reconoce documentalmente un matrimonio, y la boda religiosa, libre apreciación de cada uno, según sus convicciones. Ésta oficializa la unión de dos familias. El árbol se prolonga por la promesa de engendrar hijos comunes.

Tomemos el ejemplo de Dominique, soltera sin hijos. La consultante quería comprender por qué siempre se tiene que enfrentar con problemas afectivos. Siempre ha tenido éxito en el ámbito profesional y explica sus problemas con los hombres según el principio del triángulo edípico de la terapia clásica:

El triángulo edípico

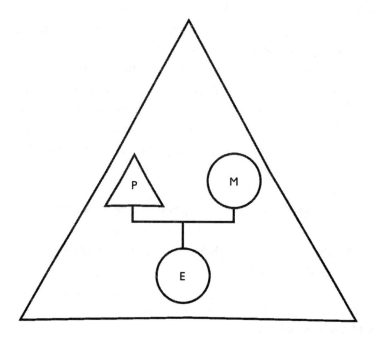

El triángulo edípico no permite entrar en las transmisiones genealógicas. Mirando el árbol de la consultante, buscaremos una pareja imposible. ¿Dónde hay una pena de amor? Dominique, educada en la fe protestante, necesitará un ritual de boda inspirado en esta confesión y conducido por un pastor, no por un sacerdote.

Los roles se definen previamente. La boda civil tiene lugar con la presencia del alcalde o su representante, se firma en el registro y el acto de matrimonio se llena de nombres y referencias a los ancestros. Los testimonios de la boda estarán presentes y serán nombrados. En el caso de pérdida de información, la imaginación creativa o esa vocecita interior que todos llevamos dentro, la intuición, tomarán las riendas de las identidades y las circunstancias olvidadas. El matrimonio religioso consagra la unión y representa un compromiso ético. Se debe producir un intercambio de alianzas para acabar con las ceremonias. Luego se festeja la boda. Dominique aportó champán y todo el mundo brindó felicitando a los novios. Si el ritual ha sido correcto, se libera una energía que libera a «la eterna novia» y le permite situarse en otra parte del árbol, encontrando así el lugar que verdaderamente le corresponde.

EL RITUAL DE NACIMIENTO: PARA PREMATUROS O PARA LOS QUE NACEN DESPUÉS DE TÉRMINO

La interrupción «prematura»

El consultante se queja de no poder acabar sus proyectos, de no conseguir los objetivos, se siente frustrado porque nunca consigue recoger sus frutos maduros.

La repetición del problema se convierte en queja perpetua. La verdadera causa de los obstáculos para terminar las cosas deriva de su nacimiento prematuro en relación a la fecha prevista. El ritual del nacimiento a término colma la falta de días pasados en el útero materno. La «fabricación» de un feto de 7, 8 o 9 meses, según las indicaciones del consultante, terminará simbólicamente su propia gestación. El bebé será depositado en el receptáculo que haga las veces de útero y el consultante velará por él y lo cuidará y vigilará atentamente los días que falten hasta su nacimiento. El proceso de maduración simbólica del feto ajustará los tiempos. El día previsto para su nacimiento el bebé estará listo para el parto. En este caso, los efectos del ritual merecen ser muy tenidos en cuenta porque en muchas ocasiones es inmediato. La toma de conciencia del bloqueo, así como el acto ritual, conducen a una liberación de la acción y a la afirmación de uno mismo. Los proyectos llegarán también a término porque el consultante nace dos veces, se pare a sí mismo y tiene plena confianza en él.

El nacimiento «tardío»

La típica frase de «no llego a empezar» lo que quiero, lo que es importante para mí, hace referencia directa a la fecha de nacimiento. ¿El consultante nació en la fecha prevista o tardó más?

Que la fecha de nacimiento esté en conexión con una realidad biológica, médicamente anunciada, o vehiculada por las creencias familiares, lo que dicen la madre o el padre se llama «Cómo hacer salir al bebé». La frase puede cambiarse para adaptarla a la realidad problemática del consultante así: «¿Voy a dar a luz a este bebé, a este proyecto? ¿qué me lo impide? ¿De qué proyecto soy portador que no consigo llegar a parirlo?».

Pongamos como ejemplo a Emilie, una joven que planteó su problema con la siguiente pregunta: «¿Por qué no llego a empezar mis proyectos?».

Su fecha de nacimiento es el 10 de septiembre. La madre de Emilie explica: «Emilie nació con 10 días de retraso, yo la esperaba para el 1 de septiembre». Así, el primero de septiembre era la fecha prevista para el parto, por lo tanto, hay 10 días de suspensión en el programa de Emilie.

El ritual de nacimiento «tardío» consiste en efectuar un regreso al tiempo de nacimiento, simbólicamente, fabricando un calendario de adviento. Cada día se abre una ventanita, con una cuenta atrás: día 10, día 9, día 8... Llegado el día del parto, en el ejemplo que nos ocupa el 1 de septiembre, se desarrolla un acto de nacimiento para hacer coincidir un deseo con la realidad, a fin de poder realizar los proyectos.

Fechas de las operaciones rituales

Siempre que sea posible, las fechas rituales se escogen de acuerdo con el paciente. ¿Dichas fechas están ya en el árbol en forma de aniversarios significativos, tales como fechas de decesos, de bodas o de nacimiento?

Reducción de tiempo real y equivalencias simbólicas

Por razones de comodidad y de respeto a las consignas, en un ritual el tiempo real puede reducirse. Por ejemplo:

10 años = 1 mes
1 año = 1 semana
1 semana = 1 día
1 día = 1 hora

No es bueno alargar un ritual más de uno o dos meses porque la energía psíquica no puede estar movilizada tanto tiempo.

CONCLUSIÓN

La psicogenealogía es una nueva disciplina en plena expansión. La gente se muestra particularmente sensible en el campo de las posibilidades que se le ofrecen: encontrar soluciones rápidas a cuestiones esenciales en relación con la trayectoria y el sentido de sus vidas. En este sentido, la búsqueda dentro de la familia resulta un potencial infinito, una llave que abre las puertas del pasado y que da acceso a todos los silencios, los secretos, las calumnias, las mentiras, los engaños, las traiciones y los tabús guardados durante siglos. Los olvidos, cuando la memoria parece borrarse, las transgresiones, los secretos desvelados, conducen al otro lado del río, donde se encuentra la verdad que busca el sujeto. Hay varias formas de entender la realidad, igual que hay muchas formas de amar. Miche Henry, filósofo, escribió en su obra *Incarnation, une philosophie de la chair*: «lo que es verdad debe empezar por mostrárseme». El árbol genealógico hace aparecer un contenido rico en informaciones a descifrar; en ocasiones, la decodificación de los datos es como una inmersión en el subconsciente familiar. Una inmersión en apnea, una travesía oscura. En la otra orilla, la libertad es el sentimiento de uno mismo, de poder actuar libremente según las capacidades propias. Capacidad para vivir, gracias al don de la vida, porque la vida se entrega totalmente. A mí me toca llenar mi propia vida con la verdad y el amor, compartir el placer de estar entre los míos.

Provenza, diciembre 2001

CONVENCIONES GRÁFICAS

P:	padre
M:	madre
AOP:	abuelo paterno
AAP:	abuela materna
AOM:	abuelo materno
AAM:	abuela materna
BAOP:	bisabuelo paterno
BAAP:	bisabuela paterna
BAOM:	bisabuelo materno
BAAM:	bisabuela materna
TAOP:	tatarabuelo paterno
TAAP:	tatarabuela paterna
TAOM:	tatarabuelo materno
TAAM:	tatarabuela materna
MN:	muerto al nacer
FP:	falso parto
IVE:	interrupción voluntaria del embarazo.

Ancestros: antepasados más allá de los abuelos; designan siempre gente mayor.

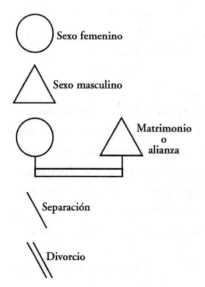

Sexo femenino

Sexo masculino

Matrimonio o alianza

Separación

Divorcio

BIBLIOGRAFÍA

ANCELIN Schutzenberger, Anne: *Aïe, mes aieuls.* París, La Méridienne-Desclée de Brouwer, 1993.

ATHIAS, Gérard: *Racines de la «mal a dit».*

AUDOIN-ROUZEAU, Stéphane: *Cinq deuils de guerre, 1914-1918.* París, Éditions Noésis, 2001.

AUDOIN-ROUZEAU, Stéphane y BECKER, Annette: *14-18 Retrouver la guerre.* París, Gallimard, col. Bibliothèque des Histoires, 2000.

BACQUE, Marie-Frédérique: *Le deuil à vivre.* París, Odile Jacob, 1992.

BARBIER, Elisabeth: *Lettres à l'absent.* París, Éditions de Fallois, 1997.

BERNE, Eric: *¿Qué dice usted después de decir hola?* Barcelona, Mondadori, 2002.

BRACONNIER, Alain: *El sexo de las emociones.* Barcelona, Andrés Bello, 1997.

BRACELTON, T. Berry: Escuchemos al niño. *Barcelona, Plaza y Janés,* 1989.

—: *Familles en crise.* París, Stock, 1989.

—: L'enfant et son médecin. París, Payot, col. Petite Bibliothèque Payot, 1993.

—: *Trois bébés dans leur famille: Laura, Daniel et Louis, les différences de développement.* París, Stock-Pernoud, 1985.

CANAULT, Nina: *Cómo pagamos los errores de nuestros antepasados: el inconsciente transgeneracional.* Barcelona, Obelisco, 2009.

CHEVALIER, Jean y GHEERBRANT, Alain: *Diccionario de los símbolos.* Barcelona, Herder, 2003.

CORNEAU, Guy: *Père manquant, fils manqué. Que sont les hommes devenus?* Montreal, Éditions de l'Homme, 1989.

—: *N'y a-t-il pas d'amour heureux?* París, Robert Laffont, col. Réponses, 1997.

CYRULNIK, Boris: *Les Nourritures Affectives.* París, Odile Jacob, 1993.

DOLTO, Françoise: *Sexualidad femenina: libido, erotismo, frigidez.* Barcelona, Paidós, 1984.

DOUGLAS, Mary: *De la souillure: essai sur les notions de pollution et de tabou.* París, La Découverte, 2001.

ELIADE, Mircea: *El chamanismo y las técnicas arcaicas del éxtasis.* Madrid, FCE, 2001.

—: *La nostalgie des origines.* París, Gallimard, col. Folio essais, 1971.

ESTES PINKOLA, Clarissa: *Femmes qui courent après les loups. Histoires et mythes de l'archétype de la femme sauvage.* París, Grasset, 1996.

FLÈCHE, Christian: *El cuerpo como herramienta de curación: decodificación psicobiológica de las enfermedades.* Barcelona, Obelisco, 2005.

FRAZER, James G: *La Rameau d'Or.* París, Robert Laffont, 1983 (4 tomos).

FREUD, Sigmund: *La interpretación de los sueños.* Madrid, Alianza Editorial, 2010.

—: *Le Roman familial des névroses in Névrose, psychose et perversion.* París, PUF, 1973.

—: *Introducción al psicoanálisis.* Madrid. Alianza Editorial, 2011.

GAULEJAC, Vincent de: *La Névrose de classe.* París, Hommes et groupes, 1987.

GÉRARD, André-Marie: *Dictionnaire de la Bible.* París, Robert Laffont, col. Bouquins, 1989. (En castellano hay una grabación en cinta de casete disponible en la Biblioteca Nacional).

GIRARD, René: *La violence et le sacré.* París, Grasset, 1972.

GRIMAL, Pierre: *Diccionario de mitología griega y romana.* Barcelona, Paidós, 1989.

GRODDECK, Georg: *El libro del Ello.* Madrid, Taurus, 1981.

—: *L'être humain comme symbole, sentiments sans prétentions sur la langue et l'art.* París, Gérard Lebovici, 1991.

—: *Conférences psychanalytiques à l'usage des malades prononcées au sanatorium de Baden-Baden.* París, Champs libre, 1979 (3 tomos).

—: *La maladie, l'art et le symbole.* París, Gallimard, col. Connaissance de l'inconscient, 1969.

HENRY, Michel: *Encarnación: una filosofía de la carne.* Salamanca, Sígueme, 2001.

HERITIER, Françoise: *Masculino-femenino: el pensamiento de la diferencia.* Barcelona, Ariel, 1996.

HOROWITZ, Elisabeth: *Liberarse del destino familiar.* Madrid, Zenit, 2007.

IMBER BLACK, Evan: *La vida secreta de las familias.* Barcelona, Gedisa, 1999.

JONGEWARD, D., y SCOTT, D.: *Gagner au féminin.* París, Interéditions, 1979.

JOURNAL DE LA FRANCE ET DES FRANÇAIS. *Chronologie politique, culturelle et religieuse de Clovis à 2000.* París, Gallimard, col. Quarto, 2001.

JUNG, Carl-Gustav: *Obras completas.* Madrid, Trotta, 1999.

LABORIT, Henri: *Eloge de la fuite.* París, Gallimard, 1981.

LEVIN, Pamela: *Les Cycles d'identité.* París, Interéditions, 1998.

MARBEAU-CLEIRENS, Béatrice: *Mères imaginées, horreur et vénération.* París, Les Belles Lettres, col. Confluents psychanalytiques, 1988.

MARTEL, Jacques: *Le Grand Dictionnaire des malaises et des maladies.* La Penne/Huveaune, Éditions Quintessence, 2000.

MEAD, Margaret: *Mœurs et sexualité en Oceanie.* París, Plon, col. Terre Humaine, 1982.

MIJOLLA, Alain de: *Los visitantes del Yo.* Tecnipublicaciones, 1986 (sobre la vida de Rimbaud).

MILLER, Alice: *Por tu propio bien.* Barcelona, Tusquets, 2006.

NEUBURGER, Robert: *Nouveaux couples.* París, Odile Jacob, 1997.

OLIVIER, Christiane: *Les Fils d'Oreste ou la question du père.* París, Flammarion, 1994.

—: *Les enfants de Jocaste, l'empreinte de la mère.* París, Denoël, 1980.

PLATÓN: El Banquete. Madrid, Globus Comunicación, 2011.

RANK, Otto: *Don Juan et le double.* París, Payot, col. Petite Bibliothèque Payot, 1973.

—: *El trauma del nacimiento.* Barcelona, Paidós, 1991.

RHODES, Daniel y Kathleen: *Le Harcèlement psychologique.* París, Marabout, 1999.

RIALLAND, Chantal: *Cette famille qui vit en nous.* París, Robert Laffont, 1994.

ROSENTAL, Paul-André: *Les Sentiers invisibles: espace, famille, migrations dans la France de 19ème siècle.* París, Éditions EHESS, 1999.

Roux, Serge: *L'arme généalogique.* CD Rom, por encargo a Les Amis d'Elisabeth Barbier 2, rue A. Borde 84000 Avignon (Psychogénéalogie d'une famille).

Solie, Pierre: *Les Odyssées du féminin.* La Varenne Saint Hilaire, Seveyrat, 1990.

Solie, Pierre: *Mythanalyse jungienne.* París, ESF, 1984.

Sullerot, Evelyne: *La crise de la famille.* París, Fayard, col. Pluriel, 2000.

Tisseron, Serge: *Secrets de famille, mode d'emploi.* París, Ramsay, 1996.

Tisseron, Serge et al.: *Le Psychisme à l'épreuve des générations. Clinique du fantôme.* París, Dunod, 1995.

Trevisan, Carine: *Les Fables du Deuil, la grande guerre: mort et éscriture.* París, PUF, 2001.

Vigouroux, François: *Grand-père décédé. Stop. Viens en uniforme.* París, PUF, 2001.

Wirth, Oswald: *El tarot de los imagineros de la Edad Media.* Teorema, 1986.

REVISTAS

Cahiers jungiens de Psychanalyse: «Psyché, soma, une expérience du Soi», n.° 76, primavera de 1993.

—: «Pères et filiation», n.° 98, verano de 2000.

Question de: «Etre à deux ou les traversées du couple». París, Albin Michel, n.° 92, 1993.

—: «La Mort et ses destins. Incarnations et métamorphoses». París, Albin Michel, n.° 71, 1987.

Topique: Les Jumeaux et le double. París, Dunod, Revue freudienne, n.° 5, 1992.

GLOSARIO DE PSICOGENEALOGÍA

Arquetipo: En Jung, referente universal surgido del inconsciente colectivo.

Balance de deudas y méritos intrafamiliares: la gestión de las cuentas no es para nada equilibrada y todo crédito o débito pasa a los descendientes en el árbol genealógico.

Báscula generacional: Las posiciones simbólicas no se corresponden con las posiciones reales en la familia, por ejemplo, los desfases de edad en las alianzas o las diferencias de edad entre hermanos entrañan desequilibrios. En ocasiones, la muerte de un pariente modifica un nacimiento.

Bastón de vejez: Un niño puede verse obligado a convertirse en el apoyo de sus propios padres y todas sus energías se movilizarán para cumplir con esta misión. Este niño no vivirá su propia vida, no tendrá infancia y, de mayor, deberá entregar el bastón mediante un ritual.

Centenario: En caso de problemas, hay que remontarse cien años antes para ver qué sucedió entonces y enlazarlo con el problema actual.

Concepto de resiliencia: Desarrollado por Boris Cyrulnik en *Les nourritures affectives*, es la capacidad para transformar el destino, en principio poco afortunado, para crearse un destino propio.

Creencia: Impregnación psíquica debida a un acontecimiento real o ficticio. La creencia interfiere en nuestro recorrido vital y, si está muy arraigada, nos ciega.

Culpabilidad del superviviente: Cuando los demás miembros de la familia mueren, ¿por qué yo sigo vivo?

Descenso: Concepto de fracaso social. Buscar la relación con la neurosis de clase y la migración.

Desfase generacional: Esposas que tienen la misma edad que las hijas, hermanas mayores de las madres, suegras de las hermanas, o hermanastras de los propios hijos.

Doble exhortación: Exhortación paradójica, con doble sentido, que sume al sujeto en un mar de contradicciones del que le costará escapar. Según la escuela de Palo Alto, es el origen de la esquizofrenia.

Elección de alianza: Designa criterios objetivos para escoger una pareja permaneciendo leal a los ancestros.

Esquema de identificación: Proceso inconsciente que orienta nuestras elecciones sin que lo sepamos.

Exhortación: Mensaje repetido en el origen de los sabotajes. Véase el capítulo sobre el programa vital.

Expectativas en cuanto a roles: Deseos y necesidades no conseguidos por los ancestros que se transmiten a los descendientes a través del inconsciente.

Fidelidad invisible: Obediencia intrínseca y destino trazado de antemano. Decodificar los personajes identificativos.

Genosociograma: Gráfico del árbol genealógico comentado.

Hermenéutica: Descubrimiento del sentido secreto que se esconde tras el sentido aparente. Esta disciplina permite acceder a otro nivel de la verdad.

Hipergamia: Unión con un cónyuge de estatus superior.

Hipogamia: Unión con un cónyuge de estatus inferior.

Historicidad: El sujeto es actor de su propia vida y funda su escenario vital en la historia.

Identificación: Fenómeno de concordancia notablemente sorprendente entre dos individuos del árbol separados por el tiempo. Constituyente de la personalidad en psicología, la identificación se entiende como un proceso de inhibición de la acción. Establecer la tabla de biografías comparadas.

Incesto simbólico: Formas de vivir en una familia: espacio vital compartido, actitud de los padres para con los hijos, promiscuidad, actitud ambigua de un adulto hacia un menor, comportamiento entre los hermanos y hermanas. El incesto simbólico tiene un efecto perverso en el desarrollo y maduración del niño.

Isogamia: Unión con un cónyuge del mismo estatus social.

Lealtad invisible: La fidelidad a los ascendentes se nos escapa por completo, particularmente cuando no los hemos conocido nunca.

Ley de repeticiones: Los escenarios o historias de la vida se repiten sin descanso. Pero también hay familias que se transmiten valores positivos.

Lógica inconsciente: Principio de la causalidad en acción. A partir de los elementos vitales observados, es posible deducir las causas pasadas. Método pertinente para descubrir los datos que faltan en niños abandonados.

Niño de la última oportunidad: Hijo sobreinvestido.

Niño de reconciliación: Hijo que une a sus padres durante una crisis y se ve enredado en esa red.

Niño imaginario: Hijo imaginado por sus padres, cuya imagen real no se corresponde con la soñada por sus progenitores. Hay que escribir una carta para desbloquearse.

Niño de reemplazo: Hijo que llega tras la muerte de un pariente querido. El duelo no si hizo y el niño se ve obligado a llevar a cabo su misión más la del fallecido.

Niño de sucesión: Hijo que nace tras la muerte de un hermano y lo reemplaza en la fratría.

Neurosis de clase: Conflicto interiorizado de éxito. Culpabilidad y traición en la trayectoria de los ancestros que nos hacen retroceder o fracasar.

Novios eternos: Como Tristán a Isolda, se aman eternamente más allá de la muerte. El problema es que un descendiente encarnará esa pareja perfecta e imposible y, siendo absolutamente fiel, no conseguirá pareja ni hijos, permaneciendo célibe.

Pareja fundadora: La pareja originaria más antigua que encontremos, fundadora de nuestra dinastía, normalmente los tatarabuelos, que dictan nuestra conducta a distancia.

Personaje identificativo: Una persona del árbol vive a través de nosotros. No siempre es un miembro de la familia. Hay que encontrarlo en el árbol.

Principio de individuación: Capacidad del sujeto para transformar su vida, hacia los 45 años, otorgándose una especie de renacimiento. Los principios masculino/femenino forman una pareja armoniosa.

Problemática generacional: Las historias de amor se parecen en un árbol. En una alianza, se perciben intuitivamente los puntos comunes. La libre elección de la pareja se cuestiona, entonces, porque acaba resultando más una imposición de las líneas genealógicas respectivas.

Programa vital: Se inicia antes de la concepción y preside el nacimiento del bebé. Tiene que ver con la orientación de los ancestros.

Proyecto migratorio: Decisión de abandonar el lugar de origen, que no responde a un impulso sino a un proceso reflexivo. Dicho proyecto forma parte del programa vital de las personas implicadas. Hay que volver a lo que les pasaba a los padres en el momento de la concepción del sujeto para conocer en sentido del proyecto.

Puesto genealógico: Lugar no escogido pero atribuido por los ancestros. Tanto si nos conviene como si no, los que no pueden estar a la altura de su misión mueren o caen enfermos. La enfermedad está también inducida por la programación, al nacer o puede ser una reacción.

Rango de fratría, rango de nacimiento: Orden de llegada al mundo entre hermanos, que no puede ser cambiado. Pero como en muchas familias hay abortos, bebés muertos, niños y adolescentes fallecidos, el recuento no es siempre el correcto. En esos casos suelen haber problemas con las matemáticas, oficios de contable, repeticiones de cursos escolares. Hay que elucidar las posiciones simbólicas, que no corresponden al rango de nacimiento.

Red de parentesco: Mediante las alianzas, la red de contactos y la solidaridad crece entre la familia de origen y las nuevas ramas.

Reemplazo: *Véase* niño de reemplazo.

Renovación psíquica de las generaciones: Las identificaciones inconscientes pueden evolucionar en el curso de una vida, una de las razones de este cambio se debe al hecho de superar una edad concreta: ¡el personaje identificativo ha muerto y nosotros no! Entonces, se producen transformaciones. Es posible pasar también bajo otra influencia. Así la vida cambia completamente.

Resolución simbólica: Encontrar una solución a los problemas heredados de los ancestros. Saberse distanciar de los problemas genealógicos ya es una liberación de afectos y sentimientos negativos.

Santo patrón del nacimiento: La vida del santo presidirá nuestro destino. Nos toca descubrir las correlaciones, que a veces resultan sorprendentes. El santo patrón del día del nacimiento es una mina de enseñanzas, cuando no hay datos disponibles.

Santo patrón del nombre de pila: Diferente al patrón del día, vela por nosotros hasta en los menores detalles. Hay que ver si el nombre se repite en el árbol. En caso de fiestas y festejos del santo, hay que interpretar lo que simbolizan, según la religión.

Seguridad de base: Necesaria para la construcción de la autoestima y de la confianza en uno mismo, se adquiere durante la lactancia. Manera de coger al bebé, de hablarle, de alimentarlo, de transmitirle o no las condiciones de seguridad para su protección.

Sincronías: Coincidencias significativas y signos parlantes.

Tabla de biografías comparadas: Recapitulación de acontecimientos clave que permiten encontrar similitudes entre las historias vitales de dos miembros de una familia nacidos a distancia, en el árbol.

Transgeneracional: El inconsciente familiar viaja en el tiempo sin perder información.

ÍNDICE

PREÁMBULO 11

INTRODUCCIÓN. 13

MI MÉTODO EN PSICOGENEALOGÍA 17

Las tres secuencias 17

El genosociograma. 17

Descodificación de los ancestros a través de las palabras 21

Lo sentido 21

El recurso a lo simbólico 22

CAPÍTULO I

¿DESPOSADOS O ESPOSADOS?

O CÓMO LA ELECCIÓN DE LA PAREJA VIENE DETERMINADA

POR EL PASADO 23

La elección de la pareja en función de su nombre 24

La elección de la pareja por un nombre derivado de la fratría. . . 25

Elección de la pareja por un nombre derivado de los progenitores 26

Dios los cría y ellos se juntan. 27

Problemática de la concepción «prematrimonial». 28

Problemática de la neurosis de clase. 28

Elección de la pareja en relación con el estatus social 31

La elección del celibato. Identificación con otra persona

del árbol genealógico tras un fracaso amoroso. 33

Amor-pasión. Fidelidad a una historia de amor del
    pasado ancestral. 35
Elección de la pareja en función de los lugares en los que
    vivieron los ancestros. 36
Causas del celibato 37
El caso de Laure o la repetición de una violación 38
Elección de la pareja en función de la fecha de nacimiento.
    Gemelos de fecha 38
El caso de Lucienne o unos gemelos 39
La problemática de la viudez. 40
La historia de Nicole o tres generaciones de jóvenes viudas 41
    La red de alianzas. 41
El matrimonio mixto, alianza en relación con el extranjero 42
    Christine o el amor a distancia con un extranjero 44
El amor entre cuñados y cuñadas. 44
El uso del levirato 44
Amores declarados tras una separación, un divorcio
    o la viudez. 45
Amores contrariados antes del matrimonio 45
Amores adúlteros. 46

CAPÍTULO II
FILIACIÓN Y FRATRÍA
O LA CONCEPCIÓN ES OBRA DEL AMOR 47
El papel de la concepción en psicogenealogía. 47
La búsqueda de sincronismos 47
La búsquedas del santo del día de la concepción,
    del nacimiento, fiestas tradicionales del calendario. 48
La mitología de Eros 49
La fecha de la concepción 49
Un bebé, ¿un accidente? El discurso de las madres. 49
Oposición al matrimonio 51
Uno de los medios de conseguir un seductor: ¡Quedarse
    embarazada! El cazador cazado 52
Sentimientos de vergüenza, de rechazo, de exclusión 53

Primer caso: El viudo que salva a la madre y al hijo
de la vergüenza 53
Segundo caso: El extranjero sin papeles que asoma la cabeza
y le toca el gordo 54
Tercer caso: Hombre de condición social baja se casa
con una mujer desprestigiada..................... 54
La concepción tardía y el desequilibrio generacional 56
Las segundas nupcias de la madre 57

Capítulo III
La elección del nombre y las posiciones simbólicas
O cómo los nombres nos hablan de nuestro destino.......... 59
El sentido del nombre y su alcance identitario.............. 59
Nombre heredado de un antecesor 60
El caso de Angèle, una bebé abandonada al nacer 61
Nombre escondido y santo del día del nacimiento........... 62
Niño de sucesión o nombre ya existente en la fratría 63
El niño de reemplazo................................. 64
Rango de nacimiento/posición en la fratría/lugar simbólico.... 65
Causas del fracaso escolar y de la repetición de cursos 66
Un nombre nuevo en la familia......................... 68
Primer caso: Elección del nombre en función de una
relación amorosa 68
Segundo caso: Relación adúltera durante la relación oficial .. 69
Tercer caso: Nombre desconocido en el árbol 69
El simbolismo de los nombres bíblicos 70
Nombres en relación con Dios o sinónimos de protección divina 72
Formas diversas de los nombres 73
La influencia del nombre en la historia de María 78
Simbolismo de los nombres bíblicos aplicado a los nombres
compuestos 79
Sentido del nombre compuesto 79
Nombre compuesto con apellido formado por un
nombre de pila 81
El sentido del nombre mixto: Identidad
masculina/femenina............................. 81

Capítulo IV

Los niños abandonados 85

Causas del abandono. 87

1. Muerte de los padres 87

2. Niño abandonado al nacer o durante la infancia 87

3. Sentimiento de abandono del niño debido a una separación 89

4. El maltrato de un niño 89

5. El no reconocimiento del padre biológico 90

Capítulo V

Programación vital, esquemas de identificación,

contribuciones al nacimiento 91

Expresiones y sabotajes del destino 91

Sabotaje de los lazos afectivos con el programa:

«Quédate soltero» 91

Sabotaje de la madurez con el programa «No crezcas» 92

Sabotaje de la infancia con el programa «Crece pronto». 94

Sabotaje en relación con los secretos de familia, la cruz que

carga cada cual. 95

El escenario suicida 97

Sabotaje de la confianza en los demás 98

Sacrificio del ser. 99

Los personajes identificativos. 100

Modelos femeninos. 100

Modelos masculinos 102

Tabla de biografías comparadas 103

El caso de Eric: despertar nocturno y fidelidad

al abuelo alcohólico. 105

Capítulo VI

La migración

Causas y efectos, a medio y largo plazo,

sobre los descendientes 109

Los indicadores de la migración. 109

Apellido extranjero 109

Nombre extranjero con apellido local 110

Lugar de nacimiento en el extranjero. 111

Pareja mixta y elección de la alianza por un origen común. . . 111

El proyecto migratorio. 112

Causas objetivas exteriores, razones políticas e históricas 112

Razones económicas y sociales. 113

Causas naturales: catástrofes, calamidades, plagas 114

Causas familiares: expolio de la herencia 115

Causas de honor y reputación: madres solteras y madres

adolescentes. 117

Cambios profesionales. 118

Razones de salud. 118

Efectos de la nacionalización en los descendientes 119

Sentimientos negativos en juego, en el árbol, en relación

a la migración 122

Un ejemplo de migración con un niño sacrificado. 122

Capítulo VII

Genealogía, historia y religión

Los deberes familiares. 127

La influencia de la historia en las familias 127

Los complots religiosos 130

Sinopsis de la fechas clave en la historia de Francia 132

Capítulo VIII

Los actos simbólicos

Una solución satisfactoria a la desgracia 139

Sentido y función del ritual. 139

La escritura del escenario vital 141

Protocolo de rituales 143

El ritual funerario 143

La desaparición del sostén familiar

y el sentimiento de abandono 152

El ritual de la boda 157

El ritual de nacimiento: para prematuros o para

los que nacen después de término 161

Conclusión 163
Convenciones gráficas 164
Bibliografía 165
Glosario de piscogenealogía 169